ROSEN

Das große Standardwerk

GONDROM

ROSEN – *Das große Standardwerk*

Lizenzausgabe 2003 für Gondrom Verlag GmbH, Bindlach
© der deutschsprachigen Ausgabe by Christian Verlag GmbH, München
© der Originalausgabe *The Book of the Rose* by Salamander Books Limited, London

Aus dem Englischen übertragen von Angelika Feilhauer und Bernd Hecht
Redaktion: Angelika Franz
Fachberatung: Prof. Dr. Peter Kiermeier
Korrektur: Anton Sturm
Covergestaltung: Tobias Schneider, Barlo Fotografik

Text: David Sqire
Jane Newdick (Kapitel 2)
Design: Bridgewater Design Ltd.
Fotos: Di Lewis
Illustrationen: Vana Haggerty

Der Umwelt zuliebe gedruckt auf chlorfrei gebleichtem Papier.

Wichtiger Hinweis:

Die Ratschläge in diesem Buch sind vom Verlag sorgfältig erwogen und geprüft, dennoch kann
eine Garantie nicht übernommen werden. Eine Haftung des Verlages und seiner Beauftragten
für Personen-, Sach- und Vermögensschäden ist ausgeschlossen.

ISBN 3-8112-2139-6

Inhalt

Einleitung

Die Rose ist die unumschränkte Herrscherin im Königreich der Blumen. Schon immer kam ihr in der Literatur, in Legenden und Sagen, in der Liebe, im alltäglichen Leben, in der Kunst und in der Mode eine besondere Bedeutung zu. Von den Tagen des alten Rom, als zur Freude und Erbauung des Kaisers und seiner Gäste Rosenblütenblätter körbeweise und knöchelhoch verstreut wurden, bis hin zu ihrer Verwendung als bescheidene Zutat duftender Zubereitungen und betörender Parfums ging diese unverwechselbare Blume blühend und rankend ihren Weg durch die Geschichte.

Ob zart und klein wie die wilde Hundsrose, ob mit so dicht gefüllten Blüten wie die Bourbon-Rose oder die Zentifolie – ihre wohl einzigartige Verbindung von Duft, Farbe und vollendeter Form sind uns immer wieder Anlaß zur Freude. Trotz ihres zarten Anmuts ist die Rose jedoch eine recht unempfindliche und langlebige Pflanze. Sie widersteht auch schwierigen und rauhen Lebensbedingungen, und ihr auf den ersten Blick unscheinbarer und mit drohenden Stacheln versehener Stamm bringt doch immer wieder ein Füllhorn voller Blüten hervor. In unüberschaubarer Menge blühen sie ein oder zwei Wochen im Hochsommer, manche gar über mehrere Monate hinweg.

In der Rosenromanze wird die Geschichte und die sich um die Rose rankende Mystik enthüllt. Lange schon ist sie ein Symbol der Schönheit und der Liebe, und jahrhundertelang hat sie Maler, Dichter und Schriftsteller inspiriert, die dieser geliebten Blume zur Unsterblichkeit verholfen haben. Seit jeher wurde die Rose gehegt und mit Liebe angepflanzt, nicht nur, weil man sie als Gartenpflanze schätzte, sondern auch, um sie als Medizin, Parfum, in Speisen und als Motiv auf Stoffen und Porzellan zu verwenden.

Wie vielseitig und dekorativ Rosen sein können, und welch nützliche Seiten sich ihr abgewinnen lassen, zeigt das Kapitel Ein Strauß Rosen. Ausgesucht schöne und doch einfache Blumenarrangements finden sich hier und auch Tips, wie sich der sommerliche Reiz der Rosen bis weit in den Winter hinein verlängern läßt, indem man aus ihnen Potpourris, Duftsäckchen, Kränze und Girlanden sowie süße und deftige Speisen macht. Sehr geschätzt sind Rosen auch wegen ihres lange anhaltenden und süßen Duftes, eine Eigenschaft, der sich dieses Kapitel mit neuen und traditionellen Ideen widmet.

Die beste Rosenquelle ist freilich der eigene Garten. Während der letzten Jahrhunderte haben Gärtner und Züchter ihr ganzes Können und Geschick darangesetzt, verschiedene Rosen aus aller Welt zusammenzutragen und miteinander zu kreuzen, so daß heute eine üppige Auswahl zur Verfügung steht. Das Verzeichnis der schönsten Rosen ist eine wertvolle Hilfe beim Erkennen und der Auswahl derjenigen Sorten, die zu Ihnen und Ihrer Umgebung passen. Eine Liste über Blütenfarben und duftende Rosen sowie praktische Hinweise für die Pflege der Rosen finden sich im Anschluß daran.

*Bild einer Blumen-
verkäuferin von
George Lawrence
Bulleid (1858 bis
1933), mit der Rose
als Sinnbild des
Romantischen.*

Rosenromanze

Die Rose ist die Versinnbildlichung des Romantischen schlechthin. Schon beim Klang ihres Namens möchte man an rote Blüten denken, die in ihrer herrlichen Pracht in einer eleganten Silbervase stehen. Es sollte uns nicht erstaunen, daß wir mit der Rose den Gedanken an die Farbe Rot verbinden, denn das Wort »Rose« leitet sich über das Lateinische und Griechische von einem keltischen Wort mit der Bedeutung »rot« ab. Doch warum ist ausgerechnet dieser Gartenstrauch so beliebt? Und warum sind die mannigfaltigen Eigenschaften der Rose so innig mit der Geschichte und dem Leben der Menschen verbunden?

Vielleicht deshalb, weil sie ein unvergleichliches Symbol für das Leben und die Liebe ist. In der Rose mit ihren Dornen (oder Stacheln, wie es korrekt heißen müßte) offenbart sich der Gegensatz von Schönheit und Schmerz zwischen der Geburt des Aufblühens und dem Tod, der seinen Ausdruck in den Dornen findet. Seit Menschengedenken gilt sie als Zeichen der Jugend, der Liebe, der Keuschheit und der absoluten Schönheit, als die Versinnbildlichung des Romantischen und Erotischen. Sie ist ein treffendes Symbol menschlichen Daseins. Da nimmt es nicht wunder, daß sie eine so wichtige Rolle im menschlichen Leben spielt.

Schon lange ist die Rose dem Menschen ein Quell der Inspiration. In Gedichten und Liedern wurde sie gepriesen, Maler haben sie in ihrer Anmut auf Bildern festgehalten. Bis heute ist sie die Blume, mit der um eine geliebte Frau geworben wird: ein Strauß Rosen ist ein Zeichen der Liebe. Selbst Industrie und Werbung haben das wirtschaftliche Potential entdeckt, das in dieser Blume steckt. Ihr Name findet in der Architektur Verwendung (Fensterrose oder Rosette), und andere Pflanzen mit ähnlichen Eigenschaften, beispielsweise das Rosenholz, wurden nach ihr benannt. Sie macht manche Medizin im Geschmack erträglicher, ihr Abbild erscheint auf Münzen, von ihr sind viele beliebte weibliche Vornamen abgeleitet – wohin man blickt, überall ist die Rose präsent.

Der erste Teil des Buches widmet sich den vielseitigen Eigenschaften dieser außergewöhnlichen Blume und ihrem Einfluß auf das Leben der Menschen, der so vielschichtig ist, daß die Auswahl an Rosenmotiven aus der Geschichte, der Literatur und Malerei sich daher beschränken muß.

Dieses Gemälde, Gelbe und Rosa Bengal-Rosen von Pierre-Joseph Redouté (1759 bis 1840), stammt aus seinem Werk Les choix des plus belles fleurs.

Stilleben mit Rosen, Lilien und Erdbeeren von François Charette-Duval (1836 bis 1878). Früchte, Schmetterlinge und Vögel waren typisch für Blumenbilder aus dieser Zeit.

Die Geschichte der Rose

Im Altertum

Fossile Blätter, die in Nordamerika, Frankreich, Deutschland, Japan und der Tschechoslowakei gefunden wurden, lassen vermuten, daß es Rosen schon vor vier Millionen Jahren gab, lange bevor der Mensch existierte. Anfang dieses Jahrhunderts unternahm Sir Arthur John Evans Ausgrabungen auf dem Gelände des Minos-Palastes in Knossos auf der Insel Kreta, die als Heimat der ältesten Kultur Europas gilt. Die von ihm entdeckten Fresken und Tonscherben ließen erkennen, daß dort um 1800 v. Chr. Iris, Lilien, Krokusse und auch Rosen gepflanzt wurden. Auf den minoischen Fresken ist die Damaszener-Rose *(Rosa damascena)* abgebildet, ein Abkömmling der *Rosa gallica* (auch Essigrose, Gallische Rose oder Provins-Rose genannt) und der *Rosa phoenicea.* Man sagt, sie sei mit den ersten Christen nach Abessinien gelangt und dort in der Nähe ihrer Kirchen angepflanzt worden. Durch die heimkehrenden Kreuzfahrer wurden einige Formen dieser Hybride zurück nach Europa gebracht, vor allem nach Frankreich.

In den alten persischen Gärten gab es eine große Fülle von Rosen, die sich einer solchen Beliebtheit erfreuten, daß im Persischen das Wort für Rose und Blume dasselbe war; das Veilchen wurde »Prophet der Rose« genannt. Die Perser waren von Blumen und Bäumen sehr angetan, und man nimmt an,

daß die Liebe zu Pflanzen in der westlichen Welt von den Persern beeinflußt wurde. Das Wort »Paradies« kommt bezeichnenderweise aus dem Persischen und bedeutet »Park« oder »Garten«. Von Persien kam die Rose dann nach Babylon, wo sie zum Symbol der Staatsmacht wurde und sich auf dem Amtsstab zu Adler und Apfel gesellte.

Schon 500 v. Chr. war das Pflanzen von Rosen in China sehr beliebt, und die chinesische Kaiserliche Bibliothek hat eine umfassende Sammlung von Rosenbüchern zu bieten. Insbesondere Konfuzius erwähnt die Rosengärten in Peking.

Hochgeschätzt war diese Blume auch in Zentralasien. Die Hindu-Göttin Lakschmi, die als die schönste Frau in Indien galt und eine Göttin des Glücks, der Liebe und der Schönheit ist, soll aus einer Rose mit 108 großen und 1008 kleinen Blütenblättern geboren worden sein.

Im alten Griechenland und Rom hielt man die Rose ebenfalls in Ehren: Die Gärten in Cyrene und Rhodos waren ihr gewidmet. Sappho, die als griechische Lyrikerin um 600 v. Chr. im Mittelpunkt des weiblichen literarischen Kreises in Mytilene stand, nannte die Rose die »Königin der Blumen«.

In der griechischen Mythologie ist die Rose eng verbunden mit Aphrodite, der griechischen Göttin der Liebe, der Ehe und der Fruchtbarkeit. Einem Mythos zufolge waren ihre Priesterinnen in Kränze und Girlanden aus weißen Rosen gekleidet und ihr Weg mit Rosen bestreut.

Anstelle der bei den Griechen verwendeten Lorbeeren flocht man in der römischen Republik Kränze aus Rosen. Rosen dienten auch als Anerkennung militärischer Leistungen, und für die VIII. Legion war es eine große Ehre, daß als Würdigung ihrer Eroberung Afrikas eine Rose das Wappen ihres Schildes zieren durfte.

Kränze aus Rosen fertigte man aus den Blütenblättern, indem man diese einzeln

Eine Rose auf dem Revers dieser Zweidrachmenmünze von Rhodos zeugt von der Beliebtheit der Rose in der Zeit um 200 v. Chr.

Das Fresko mit dem blauen Vogel, das Sir Arthur John Evans in Knossos auf Kreta entdeckte, ist eine der frühesten Rosendarstellungen und stammt aus der Zeit um 1600 bis 1800 v. Chr.

Während der römischen Republik spielten Rosen bei den Zeremonien zur Würdigung militärischer Leistungen eine wichtige Rolle. Auf diesem Gemälde von Sir Lawrence Alma-Tadema (1836–1912) kämpft der römische Kaiser Caracalla gegen seinen rivalisierenden Bruder Geta.

aneinanderreihte und sie zu einer dicken Rolle formte. Einen Kranz aus Rosen für einen leicht errungenen Erfolg zu verleihen oder gar nur als Dekoration zu verwenden war nicht statthaft. Tatsächlich wurde ein Geldverleiher, der eine solche Rosenkrone trug, auf Befehl des Senats ins Gefängnis geworfen. Später wurde das Tragen von Blumenkränzen üblicher, und schließlich wurde es sogar Brauch, daß junge Männer Kränze aus Rosen trugen, wenn sie den Ratssitzungen beiwohnten oder in den Krieg zogen.

Zur Zeit des Augustus und der Geburt Jesu Christi waren Rosen als Schmuck für das Haus und für Gräber weit verbreitet, doch in erster Linie waren sie Blumen der Liebe und der Feste. Liebende schenkten sich gegenseitig Kränze aus Rosen, Alte und Junge trugen sie und bei Festen auch die Tänzerinnen, die Musikanten und der Mundschenk. Brachte man einen Trinkspruch auf einen Freund aus, war es Sitte, ein paar Blütenblätter aus der Rosenkrone herauszunehmen und sie in den Wein zu geben.

Blumen waren auch ein Genußmittel, und man trank Rosenwein zu den Mahlzeiten.

Rezepte der Römer aus dieser Zeit beschreiben, wie man mit Rosen ganze Mahlzeiten oder Wein zubereiten kann. Der Verwendung dieser Blume scheinen hierbei keine Grenzen gesetzt zu sein.

Rosen wurden zunehmend ein Zeichen für verschwenderischen Lebenswandel.

RÖMISCHES GERICHT

Blütenblätter im Mörser zerstoßen und passieren; vier Kalbshirne, Pfeffer, Salz, acht Eier, anderthalb Gläser guten Weines und ein paar Löffel Öl hinzugeben. In einer gefetteten Form im Ofen ausbacken.

RÖMISCHER ROSENWEIN

Von den Blütenblättern einer Rose den weißen Teil entfernen und sie auf einen Faden ziehen, anschließend sieben Tage im Wein ziehen lassen. Danach herausnehmen und frische Blütenblätter erneut sieben Tage im Wein ziehen lassen. Vorgang ein drittes Mal durchführen, dann den Wein filtern und mit Honig süßen.

Ganze Schiffsladungen voll Rosen wurden aus Alexandria an der nordafrikanischen Küste importiert, und in Rom baute man Gartenhäuser mit einem Dach aus einer Art lichtdurchlässigem Gips und beheizte sie mit Hilfe von Heißwasserrohren, um Rosen auch im Winter blühen und gedeihen zu lassen.

Beliebt waren auch mit Blütenblättern gefüllte Kissen sowie feinmaschige Säckchen mit einer Füllung aus Rosenblütenblättern, die um Hals und Nase gehängt wurden. Dieser Rosenluxus soll vor allem zu jener Zeit Furore gemacht haben, als Kleopatra Marcus Antonius verführte. Räume, in denen kniehoch Rosen lagen, mit Blütenblättern gefüllte Matratzen und Kissen oder Brunnen mit Rosenwasser waren keine Seltenheit.

Der römische Dichter Horaz bemerkte, daß man das fruchtbare Land Italiens in Rosengärten verwandelte und den Anbau von Olivenbäumen zugunsten von Rosen- und Veilchenpflanzungen vernachlässigte. Aus derselben Zeit berichtet der römische Gelehrte Plinius:

> *Heutzutage kommt das Material für die Kränze aus Indien oder gar noch entfernteren Ländern. Die allerkostbarsten sind jene, die aus indischer Narde (aus dem Zentralhimalaya) gefertigt werden oder mit feiner Seide durchwirkt und mit duftenden Salben getränkt sind. So ausgefallen ist unser Weibervolk schon geworden!*

Der Hang zu verschwenderischen Lebensgewohnheiten war der römischen Wirtschaft nicht gerade zuträglich, was den Dichter Martial zum folgenden Ausspruch veranlaßte:

> *Schickt uns Weizen, oh Ägypter, wir senden Euch dafür Rosen.*

Als Domitian 81 n. Chr. Kaiser war, soll über Rom ein alles überwältigender Duft von Rosen gelegen haben.

Die Rosen des Heliogabalus, *ebenfalls von Sir Lawrence Alma-Tadema, zeigt Rosen als dekadentes Element bei den Feiern und Gelagen des Kaisers.*

Im Mittelalter

Im Mittelalter gab es in England Rosen in Hülle und Fülle, man weiß jedoch nichts über den genauen Zeitpunkt, zu dem sie auf der britischen Insel eingeführt wurden. Es ist sehr wohl möglich, daß die *Rosa alba* durch römische Händler dorthin gelangte. Speziell diese Rose wurde bald bekannt und beliebt, und Eduard I. nahm sie in sein Staatssiegel auf. Die aus Westasien stammende Damaszener-Rose soll über Händler oder Mönche auf die Britischen Inseln gelangt sein, hauptsächlich aber durch heimkehrende Kreuzfahrer.

Eduard I. von England, der 1307 starb, hatte großes Interesse an Pflanzen. In seinem Garten am Tower von London wuchsen im Jahr 1275 einige hundert Rosen sowie eine Vielzahl von Rebstöcken, Kirschbäumen, Weiden, Pfingstrosen, Lilien, Pfirsich- und Quittenbäumen. Dokumente aus dieser Zeit belegen, daß viele Pflanzen erworben oder getauscht wurden. 1255 hatte Eduard Eleanore von Kastilien geheiratet. Sie war ebenfalls eine begeisterte Gärtnerin und beschäftigte zwei Gärtner, die sie aus Aragonien, dem einst unabhängigen Königreich in Nordostspanien, nach Kings Langley in England geholt hatte.

Zu dieser Zeit pflanzte man Rosen wegen der ihnen zugeschriebenen medizinischen

Während des Mittelalters pflanzte man in den Gärten Rosen in Hülle und Fülle. Diese Illustration zu einer französischen Handschrift um 1465 mit dem Titel Emilia in ihrem Garten veranschaulicht, wie ein Garten aus dieser Zeit aussah.

Dieser Holzschnitt aus einer frühen Ausgabe des Herball *von John Gerard zeigt die Damaszener-Rose im Detail.*

mischt und dann auf die Kopfhaut aufgetragen. Gut 50 Jahre früher, im Jahre 1597, hatte der Botaniker John Gerard sein einflußreiches Pflanzenbuch *The Herball, or generall historie of plantes* veröffentlicht. In diesem Werk hatte auch die Rose ihren Platz, und es bot dem Leser sowohl praktische botanische Informationen als auch volkstümliche Überlieferungen.

Im Mittelalter wurden Rosen darüber hinaus bei der Zubereitung von Met verwendet, ein Getränk aus Honig und Wasser, das bei den Griechen und auch bei den Briten sehr beliebt war. Noch heute wird Met in Großbritannien gebraut.

Kaiserin Joséphine und Malmaison

Im 19. Jahrhundert durften Rosen in den Gärten der königlichen Familien und der Oberschicht nicht fehlen.

Joséphine, die erste Frau Napoleon Bonapartes und von 1804 bis 1809 Kaiserin von Frankreich, trug eine große Sammlung wilder und gezüchteter Rosen in ihrem Lieb-

Im 19. Jahrhundert fingen viele Künstler die Schönheit der Rose in Gemälden ein. Henri Fantin-Latour (1836–1904) vermittelt auf seinem Werk Weiße und Rosa Rosen *die Zartheit dieser Blume.*

Eigenschaften und wegen ihrer Schönheit. 1306 wurde die Damaszener-Rose in der *Bil of Medicines* von König Eduard I. erwähnt. Später glaubte man, der Sirup aus dem Aufguß ihrer Blütenblätter sei wohltuend für den Darm. Sirup aus Rosen oder Veilchen wurde häufig gegen Beschwerden aller Art verschrieben, hauptsächlich jedoch verwendete man ihn, um die ungenießbaren Arzneien des Mittelalters etwas wohlschmeckender zu machen!

Auch andere Rosen mit heilenden Eigenschaften, wie beispielsweise die *Rosa rubiginosa*, auch Wein- oder schottische Zaunrose genannt, wurden damals angepflanzt. Sie hat heutzutage geringe medizinische Bedeutung, doch in seinem 1649 veröffentlichten Werk *The Complete Herbal* empfahl Nicholas Culpepper, die schwammartigen Äpfel dieser Rose bei Haarausfall anzuwenden. Wahrscheinlich wurden sie zu einer Masse gestampft, mit Honig und Holzasche ver-

Den Garten von Malmaison gibt es in seiner einstigen majestätischen Pracht schon lange nicht mehr, doch die ›Souvenir de la Malmaison‹ ist uns als nostalgische Erinnerung geblieben.

lingsschloß Malmaison im Departement Hauts-de-Seine zusammen, das Napoleon für sie 1798 erworben hatte. Der Garten war weitgehend im englischen Stil gehalten und bestand zum Teil aus Reihen von Blumenbeeten. Später sollte dieser Stil im Englischen dann anstatt »picturesque« (malerisch) als »gardenesque« (gärtnerisch reizvoll) bezeichnet werden.

Während in Napoleons Leben das Veilchen eine wichtige Rolle spielte, begeisterte sich Joséphine für Rosen. Sie verpflichtete den Schöpfer des Rosengartens im Park des Palais du Luxembourg in Paris, alle bekannten Rosensorten zusammenzutragen und machte Malmaison so zum bekanntesten Rosengarten jener Zeit.

In einer amüsanten Anekdote über einen französischen Garten wird berichtet, wie der Name einer Rose mehrmals wechselte, ähnlich wie der Vikar von Bray, der, je nachdem, welcher Herrscher gerade an der Macht war, im 16. Jahrhundert einige Male den Glauben wechselte. Während Napoleons Herrschaft der Hundert Tage, der Zeit zwischen seiner Rückkehr von Elba und seiner Verbannung nach St. Helena, gab es eine in St. Cloud gezüchtete Rose mit dem Namen ›Rose de l'Empereur‹ (Kaiserrose), nach der Thronbesteigung Ludwigs XVIII. wurde sie in ›Rose du Roi‹ (Königsrose) umbenannt. Später bekam sie dann den Namen ›Crimson Perpetual‹.

Napoleons Armeen waren angewiesen, alle Rosen zu sammeln und nach Malmaison zu schicken, ganz gleich, wo sie entdeckt wurden, und selbst in Zeiten kriegerischer Auseinandersetzungen ließ man Rosen ungehindert passieren.

John Kennedy von der Vineyard Nursery in Hammersmith, einer Pflanzenschule in der Nähe von London, wurde von der Kaiserin zur Beratung bei der Bepflanzung ihres Gartens herangezogen. In der Folgezeit reiste er trotz der damals wütenden Napoleonischen Kriege oft zwischen London und Frankreich. Er besaß für seine botanische Arbeit einen speziellen Freipaß, der es ihm erlaubte, alle Kontrollstellen ungehindert zu passieren, um für Joséphine Rosen zu kaufen. Die Kaiserin gab enorme Summen für ihren Garten aus und hinterließ, so sagt man, Schulden in Höhe von 2,5 Millionen Franc.

Joséphine stellte viele Botaniker und Gärtner in ihre Dienste, darunter auch Aimé Bonpland, der ab 1806 die Stelle ihres Gartendirektors innehatte. Aber sie beauftragte auch bekannte Maler, die Malmaison im Bild festhalten sollten. Verewigt wurde der Garten durch Pierre-Joseph Redouté, einen in Frankreich arbeitenden belgischen Maler, durch dessen Werk *Jardin de la Malmaison*.

Nach Joséphines Tod im Jahre 1814 vernachlässigte man die Gärten in Malmaison, und schließlich wurden sie 1828 zusammen mit dem Schloß versteigert. Um 1896 wurden sie von Daniel Osiris erworben. Er ließ sie wiederherstellen und vermachte sie 1904 der französischen Regierung.

An Glanz und Schönheit des Malmaison-Gartens erinnert die ›Souvenir de la Malmaison‹, eine mehrmals blühende und zart duftende Kletterrose mit hellrosa bis weißen Blüten und einem Durchmesser bis zu 13 Zentimetern. Viele Geschichten ranken sich um ihre Herkunft, unter anderem heißt es, daß sie von Beluze gezüchtet worden sei, der sie geheimnisvoll, ohne Angaben eines Namens, 1843 nach Malmaison schickte, als Joséphine schon gestorben war und die Gärten vernachlässigt wurden. Ein russischer Großherzog, der von dieser Rose entzückt war, nahm sie als ein Andenken an die kaiserlichen Gärten nach Sankt Petersburg mit.

Einst bedeckten die Gärten von Malmaison eine Fläche von 1726 Hektar, heute sind sie beträchtlich kleiner. Ein Teil bleibt jedoch der Rosenzucht vorbehalten, die diese Gärten so berühmt machte.

Rosengärten heute

Wenn uns, von Zeugnissen in der Kunst einmal abgesehen, die Schönheit von Malmaison auch verlorenging, so gibt es doch viele Gärten jüngeren Datums, in denen die ganze Blütenpracht der Rosen erhalten ist. Rosengärten entstanden in vielen Teilen der Welt, insbesondere in Europa, Großbritannien und Nordamerika, mit einer großen Vielfalt an Rosenarten und -sorten. Weltweit bieten Rosenschulen ebenfalls Gelegenheit, alte und neue Sorten zu bewundern.

In den Vereinigten Staaten existiert seit 1904 ein öffentlicher Rosengarten im Elizabeth Park des Bundesstaates Connecticut, und in Portland (Oregon) gibt es den International Rose Test Garden, der viele neue Rosensorten ausstellt. Der Hershey Rose Garden in Pennsylvania bietet eine große Rosenvielfalt von Beet- bis zu Kletterrosen. In den Centennial Rose Gardens im kanadischen Burlingham (Ontario) sind kühne Neuschöpfungen zu bewundern, 450 bekannte alte Sorten sowie etwa 3000 neuere.

Groß ist die Zahl von Rosensammlungen und -gärten auf den britischen Inseln, und eine von ihnen ist der Garten der Royal

Der Queen Mary Rose Garden im Regent's Park in London besitzt eine schöne Sammlung alter Rosen. Hier sind rosafarbene Rosen großflächig gepflanzt.

Um den Temple de L'Amour in der Roseraie de l'Hay-les-Roses in Paris ranken sich Kletterrosen.

National Rose Society in St. Albans in der Grafschaft Hertfordshire. Diese Gesellschaft wurde 1876 gegründet und hat sich sehr um den Bereich der Rosen verdient gemacht. Interessant ist auch, daß der Stil, in dem die Gärten dieser Gesellschaft angelegt sind, im Englischen ebenfalls als »gardenesque« bezeichnet werden, ganz wie die Malmaison-Gärten der Kaiserin Joséphine. Alle Arten von Rosen sind dort zu finden.

Ein Besuch im Queen Mary Rose Garden im Regent's Park lohnt sich ebenso wie in der Mottisfont-Abtei nahe Romsey in der Grafschaft Hampshire, wo der National Trust, die britische Denkmals- und Landschaftsschutzbehörde, eine prächtige Sammlung alter Rosen unterhält.

In Frankreich kann vor allem Paris mit einigen großartigen Rosengärten aufwarten, wie beispielsweise mit dem Parc de Bagatelle im Bois de Boulogne und der Roseraie de l'Hay-les-Roses mit ihrer Vielzahl von Kletterrosen.

In Deutschland gibt es das Rosarium Sangerhausen in der Nähe von Leipzig, das nach der Jahrhundertwende eröffnet wurde und heute etwa 6500 Arten und Sorten beherbergt.

Rosen und Kriege

Schon immer dachte man beim Wort »Rosen« auch an Kriege, sowohl an religiöse als auch an weltliche. Bei den Kreuzzügen beispielsweise spielte die Rose als ein heiliges moslemisches Symbol eine Rolle. Im Rosenkrieg, dem vielleicht bekanntesten Krieg, den man mit Rosen in Verbindung bringt, war diese Blume das Emblem von zwei Familien, die um den englischen Thron kämpften.

Die Kreuzzüge

Während des 11. bis 13. Jahrhunderts unternahmen die Christen in Europa militärische

Portrait des Sultans Mohammed II. aus dem 15. Jahrhundert im byzantinischen Stil, mit einer roten Rose, dem heiligen Symbol der Moslems während der Kreuzzüge.

Expeditionen, um das Heilige Land von den Moslems zurückzuerobern.

Als Saladin, der Sultan von Ägypten, im Jahre 1187 Jerusalem eroberte, schickte er 500 Kamele mit Rosenwasser für die Reinigung der Omar-Moschee. Sie war nach Omar, einem arabischen Kalifen und einem

der fähigsten Berater Mohammeds benannt. Saladin war vom Atabeg von Mosul beauftragt worden, Jerusalem den Händen der Christen wieder zu entreißen. Dies war der Auslöser für den dritten Kreuzzug unter Führung Richards I. von England, Löwenherz genannt. Der Kreuzzug scheiterte, und 1192 schlossen Saladin und Richard Frieden.

Die Rose war allen Moslems heilig, und durch das Reinigen mit Rosenwasser wurde die Moschee auch vom christlichen Glauben gesäubert. Rosen waren so hochgeschätzte Blumen, daß die im Serail geborenen Kinder in Blütenblättern von Rosen gebettet wurden, später in rosafarbene Gaze. Noch 1750 importierten die Türkei und Ägypten Hunderte von Ballen dieses Stoffes.

Im Jahre 1453 eroberte der türkische Sultan Mohammed II. das christliche Konstantinopel (heute Istanbul). Der Bau der großartigen Hagia Sophia, in der die oströmischen Kaiser gekrönt wurden, war unter Kaiser Justinian 532 begonnen worden; geweiht wurde die Kirche an Weihnachten 538. Nach der Inbesitznahme durch Mohammed II. wurde sie in eine Moschee umgewandelt, und Mohammed ließ sie ebenfalls mit Rosenwasser reinigen, genau wie dies Saladin ungefähr 300 Jahre vor ihm mit der Omar-Moschee getan hatte.

Vor der Einnahme durch Mohammed unterlag Konstantinopel stark dem griechischen Einfluß, und das Tragen von Kränzen aus Rosen war durchaus üblich. Für die Türken hatte die weiße Rose hingegen ihren Ursprung in den Schweißtropfen Mohammeds, die er bei seiner Auferstehung verlor. Daher war es in ihren Augen Gotteslästerung, wenn Nichtmoslems weiße Rosen trugen. Als während einer Prozession Einwohner Kränze aus Rosen trugen, wurden sie sogar auf der Stelle getötet.

Die Rosenkriege

Die Rosenkriege wurden zwischen den Plantagenet-Seitenlinien York und Lancaster um den englischen Thron ausgefochten. Die Mit-

Diese Radierung zeigt den schon zur Legende gewordenen Anfang der Rosenkriege. Die Herzöge von York und Lancaster treffen sich bei einem Rosenstrauch in den Temple Gardens.

glieder der York-Linie hatten eine weiße Rose in ihrem Emblem, wahrscheinlich die *Rosa alba semi-plena*, das Haus Lancaster hingegen die rote Damaszener-Rose *Rosa gallica* ›Officinalis‹, die auch unter dem Namen Apothekerrose oder Rote Rose von Lancaster bekannt ist.

Lange vor den Rosenkriegen waren diese Rosen jeweils die Embleme der beiden Familien. Eine weiße Rose war das Emblem der Eleonore von der Provence, die 1235 Heinrich III. heiratete. Dieses wurde dann ihrem Sohn Eduard I. übertragen. Die Rote Rose von Lancaster wurde als Emblem von Edmund Langley, dem zweiten Sohn von Heinrich III., durch seine Heirat mit Blanche, der Witwe von Heinrich I. (Heinrich der Dicke), im Jahre 1275 übernommen.

Man sagt, die Rosenkriege seien durch einen Streit ausgelöst worden, der 1455 in den Temple Gardens von London stattgefunden hat, einem Garten zwischen der heutigen Fleet Street und der Themse. In dem Drama *Heinrich VI.* (erster Teil, zweiter Akt, vierte Szene), das ungefähr anderthalb Jahrhunderte später geschrieben wurde, stellt Shakespeare diesen Streit zwischen Richard Plantagenet und Somerset nach:

Plantagenet: Es pflücke wer ein echter Edler ist
Und auf der Ehre seines Bluts besteht,
Wenn er vermeint, ich bringe Wahrheit vor,
Mit mir von diesem Strauch eine weisse Rose.

Somerset: So pflücke wer kein Feiger ist noch Schmeichler
Und für die Wahrheit einzutreten wagt
Mit mir von diesem Dorn eine rote Rose.

[Die Anhänger der jeweiligen Häuser wählen ebenfalls ihre Rose.]

Plantagenet: Nun, Somerset, wo habt Ihr Euren Grund?

Somerset: Hier in der Scheide: er erwägt was Euch
Die weisse Rose blutig rot wird färben.

Plantagenet: Indes äfft Eure Wange unsere Rosen,
Denn sie ist blass vor Furcht, als zeugte sie
Für unsere Wahrheit.

Somerset: Nein, Plantagenet,
's ist nicht aus Furcht, aus Zorn, dass Deine Wangen,
Vor Scham errötend, unsere Rosen äffen
Und Deine Zunge doch Dein Irren leugnet.

Der Ursprung der Rosenkriege läßt sich bis lange vor dem Ausbruch der Kampfhandlungen zurückverfolgen. Richard II., der die Thronfolge seines Großvaters, Eduard III., 1377 antrat, wurde von seinem Cousin aus dem Haus Lancaster, Heinrich IV., ebenfalls ein Enkel Eduards III., im Jahre 1399 entthront. Vier Generationen lang stritten, kämpften und verschworen sich die beiden Lager der königlichen Familien und deren jeweilige Anhänger gegeneinander, um die Vorherrschaft zu gewinnen, dabei wechselten manche mehr als einmal die Seite, insbesondere der Earl of Warwick, den man den »Königsmacher« nannte. Als dann Mitte des 15. Jahrhunderts alle Kompromißversuche endgültig scheiterten, brachen 1455 die Kriegshandlungen aus.

Die nun folgenden Schlachten in St. Albans, Towton, Hexham und Tewkesbury wurden blutig und verbissen geführt.

Eine der vielen blutigen Schlachten der Rosenkriege fand in Barnet statt, wie hier auf einer Handschrift von 1470 dargestellt.

Das Wappen Heinrichs VIII. in einem Kirchenfenster, mit der roten und der weißen Rose, die nach den Kriegen im Wappen vereinigt wurden.

Nach der Besteigung des Thrones durch Eduard IV. im Jahre 1460 hatte es den Anschein, als hätte das Haus York den endgültigen Sieg errungen. Zehn Jahre später wurde jedoch seine Machtstellung erneut bedroht durch Heinrich VI. aus dem Hause Lancaster, der für kurze Zeit auf den Thron zurückkehrte, bevor er durch Eduard IV. bei Barnet nördlich von London geschlagen wurde.

Eduards Nachfolge trat sein Bruder Richard III. an und die lange Auseinandersetzung endete am 22. August 1485 mit der Niederlage und dem Tod von Richard III. in der Schlacht bei Bosworth Field. Aus dieser Schlacht ging als Sieger Heinrich VII. Tudor hervor, der beiden Häusern auf undurchsichtige Weise verbunden war, nur einen unwesentlichen Anspruch auf den Thron hatte und einen Frieden diktierte, der dann mit der politisch motivierten Heirat mit Elisabeth von York, der Tochter Eduards IV., im darauffolgenden Jahr besiegelt wurde. Die von Heinrichs Sohn, Heinrich VIII., übernommene Tudor-Rose war Symbol für die Vereinigung der beiden Häuser, da in ihr die Blütenblätter der Roten Rose von Lancaster und der Weißen Rose von York vereinigt waren. Heinrich VIII. übernahm diese rotweiße Rose in sein Wappen.

In einem Kloster der englischen Grafschaft Wiltshire soll solch eine rot-weiße Rose, die *Rosa damascena ›Versicolor‹*, entdeckt und ab 1551 dann York und Lancaster-Rose genannt worden sein. In vielen historischen Überlieferungen vom Anfang dieser Kriege wird erzählt, daß der Streit der beiden Häuser an einem solchen Strauch seinen Anfang genommen haben soll. Sie ist eine sehr schöne Strauchrose mit einer teilweise farblich verwaschenen, duftenden und halbgefüllten Blüte im Juni und Juli.

Es gab zuweilen Verwirrung um die *Rosa damascena ›Versicolor‹* und eine andere weiß-rote Rose, ›Rosa Mundi‹ (*Rosa gallica ›Versicolor‹*). Die beiden sind jedoch eindeutig zu unterscheiden, denn der Strauch der ›Rosa Mundi‹ bleibt kleiner, die Blüten sind hell und auffallend dunkelrosa und weiß gestreift oder gescheckt. Wegen der Kombination der Rosenfarben in den beiden Emblemen wird sie irrtümlicherweise ebenfalls York und Lancaster-Rose genannt.

Sagen und volkstümliche Überlieferungen

Der Ursprung der Rose

Sir John Mandeville (er wurde auch Maundeville genannt) lebte im 14. Jahrhundert und war für seine Reisebücher bekannt. Leider war es um seinen Ruf, was die Wahrheitsliebe anbelangt, bald nicht mehr gut bestellt, denn in späteren Jahren betrachtete man ihn als phantasievollen Lügner. In einer Erzählung beschreibt er, wie in Bethlehem die ersten Rosen aufgetaucht sein sollen: Hamuel, ein roher Trunkenbold, liebte ein jüdisches Mädchen in Bethlehem (von der Robert Southey im 19. Jahrhundert behauptete, sie hieße Zillah). Doch Hamuels Liebe wurde zurückgewiesen, und so schwor er Zillah Rache und behauptete, sie sei besessen. Sie wurde zum Tod auf dem Scheiterhaufen verurteilt, doch nach inständigen Gebeten ließ Gott die Flammen zurückwei-

chen, und der Scheiterhaufen verwandelte sich in einen Rosenbusch. Unversehrt stand das junge Mädchen unter einem Gewölbe aus roten und weißen Rosen, die ersten, so wird behauptet, die man nach der Vertreibung aus dem Paradies auf Erden zu Gesicht bekommen hat.

Aphrodite und Adonis

In der klassischen Mythologie wird die Rose oft mit Aphrodite, der griechischen Göttin der Liebe, in Verbindung gebracht.

Ein Mythos besagt, daß Adonis, in den sich Aphrodite verliebt hatte, von einem wilden Eber lebensgefährlich verwundet am Boden lag. Aphrodite eilte ihm zur Seite und mußte dabei durch eine Dornenhecke gehen, worauf sich die weißen Rosen von ihrem Blut rot färbten.

Auf Botticellis berühmten Gemälde Geburt der Venus *ist die Göttin der Liebe, von den Griechen Aphrodite genannt, von rosaroten Rosen umgeben.*

Der Valentinstag verdankt seinen Namen dem heiligen Valentin, hier abgebildet auf einer Glasmalerei. Dieser Tag ist aber auch auf der Tradition des römischen Lupercaliafestes begründet.

S : VALENTIN.

Valentinstag

Auch der Valentinstag wird in Verbindung mit Rosen gebracht. Dieser Feiertag entstand, als ein verbreiteter heidnischer Brauch mit dem christlichen Glauben in Berührung kam. Heute ist es ein Tag, an dem alle Verliebten ihren Angebeteten ihre Liebe gestehen.

Beim römischen vorchristlichen Lupercaliafest, das man am 15. Februar feierte, wurden Hunde und Ziegen geopfert. Dabei gingen die Priester mit Peitschen aus Ziegenhaut umher – man glaubte, daß ein Hieb Frauen von Unfruchtbarkeit heilen könnte. Es soll auch eine Art Paarungsritual gewesen sein, bei dem Namenzettel oder irgendwelche Dinge von jungen Mädchen in heiratsfähigem Alter in eine »Liebesurne« gelegt wurden, die dann von Jungen gezogen wurden.

Valentin war während der römischen Herrschaft Bischof von Terni und starb als Märtyrer unter Claudius II. am 14. Februar, wahrscheinlich im Jahre 271 n. Chr. Julius I., Bischof von Rom, sprach ihn um 337 heilig, ließ zu seinem Andenken eine Kirche bauen und machte den 14. Februar zum Tag des heiligen Valentin.

Mit der Verbreitung des christlichen Glaubens wurde das erwähnte Paarungsfest auf den 14. Februar gelegt und dadurch die beiden Festtage miteinander verbunden. Eine Zeitlang war es nur für Männer üblich, Kar-

ten zu verschicken und Geschenke zu machen, heute jedoch verschenken beide Geschlechter an ihre Lieben Grußkarten und Aufmerksamkeiten. Im angelsächsischen Raum geschieht dies zum Teil anonym – möglicherweise handelt es sich dabei noch um ein Relikt jenes aufregenden Brauchs der römischen Liebesurne.

Einer wesentlich unromantischeren Erklärung zufolge könnte »Valentin« mit »galantin« (älteres frz. Wort für Liebhaber, Galan) assoziiert und der Valentinstag nur dieses Namens wegen gewählt worden sein.

Es gibt viele Verse und Gedichte, die sich auf den Valentinstag und seine Bedeutung für Liebende beziehen, und in einigen von ihnen wird auch die Rose bedacht.

ROSENREIME

*Du bist mein und ich bin dein –
zum Valentin ein Zeichen mein.*

*Zwei Rosen, zwei Nelken,
die lieb ich so sehr –
und dich noch viel mehr.*

*Keine Rose, keine Nelke
kann blühen so schön,
als wenn zwei verliebte Seelen
beieinander stehn.*

Der »tausendjährige Rosenstock« zu Hildesheim

Einer Legende zufolge hat Karl der Große vor über 1000 Jahren an den Mauern des Doms zu Hildesheim in Niedersachsen einen Rosenstrauch gepflanzt, der heute als der »tausendjährige Rosenstock« bekannt ist.

Schon vor mehr als 500 Jahren gab es Nachweise für die Existenz dieses Rosenstocks. Als er im Jahre 1884 dann plötzlich langsamer wuchs, fand man heraus, daß die Wurzeln von Gesteinstrümmern bedeckt waren. Sie wurden entfernt, durch frische

Evelyne de Morgan (1850–1919) hat in dem Gemälde Eleonore und die schöne Rosamunde *den sagenumwobenen Mord an Rosamunde festgehalten.*

Heinrich II., Eleonore von Aquitanien, Rosamunde unter dem Vorwand besuchte, ihr einen seidenen Faden zeigen zu wollen, und sie bei dieser Gelegenheit vergiftete.

Elisabeth die Heilige von Ungarn

Elisabeth die Heilige von Ungarn wurde Anfang des 13. Jahrhunderts geboren. Sie war für ihre Barmherzigkeit gegenüber den Armen und Kranken bekannt und gründete mehrere Krankenhäuser. Einer Legende zufolge war sie gerade dabei, für die Bedürftigen Besorgungen zu machen, als sie ihren Gemahl traf. Die Brotlaibe, die sie in den Armen hielt, verwandelten sich in Rosen und bewiesen ihrem Gemahl die Wichtigkeit ihrer wohltätigen Arbeit.

Märchen

In vielen alten Märchen ist von Rosen die Rede. Das bekannteste ist jenes von der Schönen und dem Biest. In dieser Erzählung fragt

Erde ersetzt, und man sorgte nun dafür, daß immer Regenwasser an die Wurzeln gelangen konnte.

Während des Zweiten Weltkrieges wurde im Frühjahr 1945 der historische Teil der Stadt mitsamt dem Dom zerstört. Obwohl ein Großteil des Rosenstocks beschädigt wurde, sollen seine Wurzeln unbeschadet überlebt haben und er innerhalb von einem halben Jahr wieder auf eine Höhe von 3,5 Metern gewachsen sein.

Rosamunde und Königin Eleonore

Rosamunde, eine sehr schöne und anmutige Frau, war die Geliebte Heinrichs II. von England, der Mitte des 12. Jahrhunderts lebte. Zahlreiche alte Geschichten und Legenden ranken sich um sie, und viele Erzähler nahmen ihren Namen und benutzten dessen Verbindung zur Rose zu Wortspielereien. In mittelalterlichen Erzählungen aus dem 14. Jahrhundert heißt es, daß die Gemahlin von

In diesem Fenster der Kirche von St. Mary in Sturminster Newton, Durham, ist Elisabeth die Heilige von Ungarn mit den Armen voller Rosen von Harry Clarke of Dublin abgebildet.

Die Schlafende Schöne *von Sir Edward Burne-Jones. Heckenrosen wuchern hier um und über die schlafende und verwunschene Prinzessin.*

ein Vater seine drei Töchter, welches Geschenk ihnen am liebsten wäre. Die jüngste von ihnen meint, daß sie nur ein einfaches Geschenk, eine rote Rose, wünsche.

Nachdem der Vater auf der ganzen Welt gesucht hat, kommt er schließlich zu einem Schloß mit herrlichen Gärten, wo die schönste Rose wächst, die er jemals gesehen hat. Er will sie stehlen, wird aber von einem Biest gestellt, das sein Leben für diesen Diebstahl verlangt. Am Ende verliebt sich das Biest in die jüngste Tochter und verwandelt sich in einen Prinzen.

Dornröschen ist ein anderes bekanntes Märchen, in dem eine Prinzessin so lange schlafen muß, bis ein Prinz sie wachküßt. Während ihres 100jährigen Schlafs wachsen Rosen und Dornen um das verwunschene Schloß und schirmen es so von allen Blicken ab.

Rosenkränze

Ursprung und Bedeutung des Begriffs »Rosenkranz«, der von gläubigen römisch-katholischen Christen verwendet wird, um die Anzahl der gesprochenen Gebete zu kontrollieren, hat zu mannigfaltigen Erklä-

Der Rosenkranz wurde wahrscheinlich nach den Rosengärten mittelalterlicher Klöster bezeichnet, die im Lateinischen »rosarium« hießen. Hier ein italienischer Rosenkranz aus dem 17. Jahrhundert, dessen Perlen aus Buchsbaumholz geschnitzt sind.

rungen geführt: Der Begriff könnte von den mit Rosenduft parfümierten Kränzen aus Perlen kommen, welche die Jungfrau Maria dem heiligen Dominikus gegeben haben soll, auf den Namen der heiligen Rosalie oder die ursprünglich aus Rosenholz gefertigten Perlenkränze zurückgehen.

Die älteste Bedeutung des Wortes geht aber auf jeden Fall auf das lateinische Wort für Rosengarten, »rosarium«, zurück. Man nimmt an, daß die begriffliche Verbindung zum Rosenkranz im 12. Jahrhundert hergestellt wurde. Bereits schon früher hatten irische Mönche bei den Andachten dem Psalmensingen große Bedeutung beigemessen, und hierbei wurden die Psalmen in drei Teile zu je 50 aufgeteilt. Um das Jahr 1050 wurden dann Perlenschnüre, manchmal auch Ketten gefertigt, um das Zählen zu erleichtern. Die Bezeichnung »Rosenkranz« kam jedoch erst später auf.

Rosenholz

Das Wort »Rose« taucht in den Namen vieler Pflanzen auf, die jedoch keine oder nur wenig Ähnlichkeiten oder Gemeinsamkeiten mit der Gartenrose haben. Rosenholz beispielsweise gehört nicht zur Familie der Rosengewächse, sondern zu einer Gruppe von tropischen und subtropischen Bäumen mit hartem, rötlichem oder dunklem Holz und einer ausgeprägten Maserung. Rosenholz heißt es deshalb, weil es nach Rosen duftet, wenn es gesägt wird.

Ringel ringel Rosen

Dem deutschen »Ringelreihen« entsprechend gibt es im Englischen einen Kinderreim, der seinen Ursprung angeblich in der großen Pestepedemie hat, die 1664 in London wütete. Der Bezug zu den Rosen besteht in den rosafarbenen Malen auf der Haut, von denen ein Opfer der Pest befallen wird. Sinngemäß übersetzt lautet der Reim:

Ringel ringel Rosen,
die Taschen voller Blumen,
hatschi, hatschi, und alle fallen um.

»Die Taschen voller Blumen« bezieht sich auf eine Kräutermischung, die man bei sich

trug, um die Seuche fernzuhalten, und das »hatschi« weist auf Symptome der Krankheit hin. Wenn es heißt »und alle fallen um«, ist damit gemeint, daß die Kranken zusammenbrechen und mit dem oft sehr schnellen Tod zu rechnen haben.

Auf Rosen gebettet

Ein im Englischen bekanntes geflügeltes Wort von Christopher Marlowe, einem Zeitgenossen von William Shakespeare, aus seinem Werk *The Passionate Shepherd to his Love* lautet:

Und auf Rosen sollst du gebettet sein
Mit würzig duftenden Sträußchen mein.

Gemeint ist, daß jemand, der auf Rosen gebettet ist, sich glücklich und zufrieden fühlt. Die Wendung »auf Rosen gebettet« findet sich schon zu einem früheren Zeitpunkt im Zusammenhang mit Sybaris, einer griechischen Kolonie in Süditalien, die 510 v. Chr. zerstört wurde. Dessen Einwohner sollen in luxuriöser Manier auf Matratzen geschlafen haben, die mit Blütenblättern von Rosen gefüllt waren.

Wie sich der Rosenreim im Spiel der Kinder darstellt, ist auf charmante Weise von Harriet M. Bennet, einer Malerin des 19. Jahrhunderts, festgehalten worden.

Sub rosa

Sub rosa, »unter der Rose«, bedeutet »unter dem Siegel der Verschwiegenheit«. Man sagt, daß einst Amor, der Liebesbote, Harpocrates, dem Gott der Stille, eine Rose als Bestechung schenkte, damit er nicht die Amouren der Venus verrate. Ein unbekannter römischer Dichter schrieb:

Die Rose ist die Blume der Venus: Damit ihre süßen Geheimnisse nicht verraten werden, gab Amor, der Bote der Liebe, Harpocrates, dem Gott der Stille, dieses Geschenk seiner Mutter. So hängt der Hausherr über seinen gastlichen Tisch eine Rose, auf daß die Gäste, die darunter sitzen, Schweigen über das Gesagte bewahren mögen.

Dieser Brauch kam auch nach England und war dort in den Zeiten des Rittertums weit verbreitet, und ab 1523, während der Amtszeit Papst Hadrians VI., wurden Rosen über den Beichtstühlen römisch-katholischer Kirchen angebracht.

Rosenmotive verwendete man auch häufig im Kirchenbau, und in vielen englischen Kathedralen, wie zum Beispiel York und Exeter, gibt es wunderbare Exemplare solcher Arbeiten. Freimaurerlogen im Mittelal-

Ernest Ludolf Meyer malte diesen Strauch wilder rosafarbener Rosen im späten 19. Jahrhundert.

ter wählten ebenfalls die Rose als Zeichen der Verschwiegenheit, da eine stilisierte entfaltete Rosenblüte Ähnlichkeiten mit dem Fünfstern oder Drudenfuß aufweist, dem geheimen Losungszeichen der Pythagoreer. Den Kelten war sie ein heiliges Symbol, das oft auf gallischen Münzen angebracht wurde. Darüber hinaus hatte dieses fünfseitige Symbol auch für die Türken eine besondere Bedeutung, da sie glaubten, die Rose enthalte die fünf Geheimnisse Allahs.

Im viktorianischen England war die Rose ein beliebtes Mittel, um Liebesbotschaften zu überbringen, was ebenfalls wieder im geheimen erfolgen sollte. In vielen viktorianischen Eßzimmern wurde das Stuckmotiv an der Decke über dem Eßtisch Rose genannt, und es bedeutete, daß alles an diesem Tisch Gesagte vertraulich ist und nicht weitererzählt werden soll. Obwohl die Bedeutung dieser »Rose« heute nicht mehr bekannt ist, nennt man dieses dekorative Element weiterhin Rose.

Die Grant-Rose und andere amerikanische Legenden

In Amerika gibt es ebenfalls eine Vielzahl von Geschichten und Legenden um die Rose, wie jene über die duftende Grant-Rose, die aus dem Blut einer von den Seminolen-Indianern in Florida getöteten frühen Siedlerin namens Grant gewachsen sein soll.

Der amerikanische Bundesstaat Georgia hat als Staatsblume die weiße Cherokee-Rose, *Rosa laevigata*. Sie stammt aus China, wurde aber schon vor vielen Jahren in den südlichen amerikanischen Bundesstaaten heimisch gemacht. Der Legende zufolge soll ein Indianermädchen, als es von einem feindlichen Stamm gefangengenommen wurde, von kleinen Zauberwesen in eine Blume verwandelt worden sein. Sie schützten sie zusätzlich, indem sie am Stamm dieser Rose unzählige Stacheln wachsen ließen, und diese Rosenart hat in der Tat einen sehr stachelbewehrten Stamm.

Auch von anderen Bundesstaaten wurden Rosen als Staatsblumen übernommen, so von Norddakota (Wilde Prairierose, *Rosa pratincola*) und vom Distrikt von Columbia (American-Beauty-Rose).

Die Rose in der Kunst

Die Natur war schon immer ein Quell der Inspiration für Dichter, Musiker und Maler. So erstaunt es nicht, daß Rosen sowohl in Literatur, Malerei und Plastik als auch in Legenden und Liedern häufig auftauchen. Ihre Knospen, vollen Blüten und Stacheln oder Dornen, wie der Volksmund sagt, wurden und werden heute noch oft als Motive und Metaphern verwendet.

Literatur und Musik

Im Laufe der Zeit haben unzählige Dichter die Rose in ihren Werken verewigt. Der griechische Lyriker Anakreon hat eine Version vom Ursprung der Rose gedichtet:

Damals ließ auch Mutter Erde
Der bewundernswerten Rose,
Dieses holden Meisterstückes
Ersten jungen Strauch entsprießen.
Und die Schar der sel'gen Götter
Netzte die enthüllte Blüte
Dann mit Nektar, und so prangend
Stieg empor aus Dorngesträuchen
Bacchus ewigjunge Blume.

Anakreon pries in seinen Werken vor allem die Liebe, das Essen und den Wein. Ironie des Schicksals war es, daß er im Alter von 85 Jahren an einem Traubenkern erstickte.

Eines der bekanntesten Werke des irischen Dichters Thomas Moore, dessen zauberhafte Gedichte oft zu populären Weisen vertont wurden und der auch das obige Werk von Anakreon nachgedichtet hat, ist das folgende Gedicht, das später, im Jahre 1847, als Lied in Flotows Oper *Martha* großen Beifall fand:

Letzte Rose, wie magst du so einsam hier blühn,
Deine lieblichen Schwestern sind längst schon, längst schon dahin . . .

Im 2. Jahrhundert v. Chr. berichtete Bion von Smyrna, ein für seine bukolische Dichtung bekannter griechischer Lyriker, in seinem *Klagegesang um Adonis*, daß alle Rosen ursprünglich weiß waren und erst später durch das Blut des Adonis oder der verliebten Venus befleckt wurden.

Die ganze Pracht sommerlicher Rosen liegt in dem Bild Sommergabe *von Sir Lawrence Alma-Tadema, auf dem junge Mädchen mit üppigen weißen und rosaroten Rosensträußen zu sehen sind.*

Shakespeares Begeisterung für Rosen ist offensichtlich, und er hat in zahlreichen Bühnenstücken und Sonetten Bezug auf diese Blume genommen. Die vielleicht am häufigsten zitierte Stelle in diesem Zusammenhang ist die von Julia gestellte Frage in *Romeo und Julia*:

Was ist ein Name? Was uns Rose heißt,
Wie es auch hieße, würde lieblich duften.

In seinem Drama *Ein Sommernachtstraum* wird oft auf die Rose verwiesen, so inspiriert Droll den Oberon zu einer bukolischen Szene:

Ich weiß 'nen Hügel, wo man Quendel pflückt,
Wo aus dem Gras Viol' und Maßlieb nickt,
Wo dicht gewölbt des Geißblatts üpp'ge Schatten
Mit Moschusrosen und mit Jasmin sich gatten.
Dort ruht Titania, halbe Nächte kühl
Auf Blumen eingewiegt durch Tanz und Spiel.

Romeo und Julia, das berühmteste Liebespaar aller Zeiten, sind auf dieser Illustration zu einer Shakespeare-Ausgabe für Kinder von Charles Folkard und Alice Hofman zu sehen, die 1911 veröffentlicht wurde.

Auf seinem Gemälde Reinheit *hat Henry Ryland (1856–1924) eine Göttin mit einer rosaroten Rose in der Hand verewigt. Die zarten Farben des Gemäldes verstärken den Eindruck von Tugend und Keuschheit.*

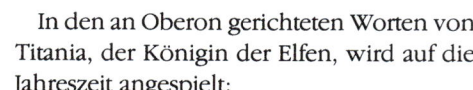

In den an Oberon gerichteten Worten von Titania, der Königin der Elfen, wird auf die Jahreszeit angespielt:

Durch eben die Zerrüttung wandeln sich
Die Jahreszeiten. Silberhaar'ger Frost
Fällt in den zarten Schoß der Purpurrose:

Theseus schließlich macht sich Gedanken über das Schicksal der ledigen Hermia:

Doch die gepflückte Ros' ist irdischer beglückt,
Als die am unberührten Dorne welkend,
Wächst, lebt und stirbt in heil'ger Einsamkeit.

Im frühen 19. Jahrhundert verfaßte der Engländer Thomas Hood eine Ballade mit dem Titel *Es war nicht im Winter*, in dem die folgenden Zeilen zu finden sind:

Nicht in der Winterszeit
Ward uns die Liebe beschert!
Es war zur Zeit der Rosen,
Die wir pflückten auf unsrem Weg!

Im Jahre 1855 schrieb William Makepeace Thackeray das unterhaltsame Märchen *Die*

Rose und der Ring. In der Handlung tauchen eine Zauberrose und ein Zauberring auf, die ihrem Besitzer ein schönes Äußeres verleihen. Eine der Hauptfiguren ist das Mädchen Betsina, die eigentlich eine Prinzessin namens Rosalba ist.

Die reichhaltige schottische Literatur vertritt niemand würdiger als Robert Burns, der folgendes Gedicht schrieb:

Mein Lieb ist eine Rose rot,
im Juni frisch erblüht;
Mein Lieb – das ist zum Lautenklang
ein hell gesungnes Lied.

In seinen *Uferhöhn des Doon* steht die Klage:

Mein treulos Lieb die Rose stahl,
Doch, ach, er ließ den Dorn in mir.

In der deutschsprachigen Literatur hat Johann Wolfgang von Goethe 1771 der Rose mit seinem Lied *Heidenröslein* das wohl berühmteste literarische Denkmal gesetzt:

Sah ein Knab' ein Röslein stehn,
Röslein auf der Heiden,
War so jung und morgenschön,
Lief er schnell, es nah zu sehn,
Sah's mit vielen Freuden.
Röslein, Röslein, Röslein rot,
Röslein auf der Heiden.

Nikolaus Lenau, ein Zeitgenosse Goethes, bescheinigte in seinem Gedicht *An meine Rose* der Rose ein ewig währendes Leben:

Frohlocke, schöne junge Rose;
Dein Bild wird nicht verschwinden,
Wenn auch die Glut, die dauerlose,
Verweht in Abendwinden.

Und auch der Frühromantiker Clemens Brentano, der für seine musikalischen Verse bekannt ist und zu den großen Lyrikern des 19. Jahrhunderts gehört, huldigt der Rose in einem seiner Liebesgedichte:

Dein Lied erklang, ich habe es gehöret,
Wie durch die Rosen es zum Monde zog;
Den Schmetterling, der bunt im Frühling flog,
Hast du zur frommen Biene dir bekehret,
Zur Rose ist mein Drang,
Seit mir dein Lied erklang!

Dieses bezaubernde Gemälde ebenfalls von Henry Ryland geschaffen, zeigt eine in Gedanken versunkene Frau neben rosa Kletterrosen; Blütenblätter liegen zu ihren Füßen.

Auch in der französischen Literatur findet man häufig Zauberhaftes zur Rose. Das berühmte französische Werk *Le roman de la rose* ist eine ausführliche und detaillierte Allegorie von der Liebe und dem weltlichen Leben. Der erste Teil wurde um 1235 von Guillaume de Lorris geschrieben, fortgesetzt wurde er dann um 1275 von Jean de Meung. Im 14. Jahrhundert fertigte Geoffrey Chaucer, der Dichter und Vater der englischen Literatur, von dem Versroman eine Übersetzung ins Englische an, die heute zum Teil noch erhalten ist.

Der allegorische Roman handelt von einem Poeten, der von der Dame Sorglosig-

Aus einem flämischen Manuskript um 1500 stammt die Abbildung des Poeten aus Le roman de la rose, *der hier seine Rose findet. In diesem allegorischen Werk ist die Rose das Symbol für eine schöne Frau.*

keit in den Garten der Genüsse geführt wird, wo er dann den Liebesgott findet. Nach einer Zeit des Gesangs und des Tanzes führt man ihn zu einem Rosenbeet. Er wählt eine Rose und versucht, sie zu pflücken, was ihm jedoch mißlingt.

Le roi des rimes, ein Werk von Théodore de Banville, eines Dramatikers und Dichters im 19. Jahrhundert, ist ein anderes Beispiel für ein französisches Rosengedicht. Bei ihm geht es um einen Vergleich zwischen Studieren und Vergnügen:

Für und Wider gut zu wägen,
Heißen uns die traur'gen Träumer.
Worte! Worte! Gehen wir Rosen pflücken!

Jacques de Cassaigne hingegen beschrieb in *Der Soldat und die Rose* die Gefühle eines Soldaten, der seine Worte an eine Rose richtet:

Auch du stirbst eines Tages, doch vielleicht
trifft es mich noch vor dir.
Denn der Tod, den meine Seele so fürchtet,
kann mich jederzeit ereilen.
Du brauchst einen Tag zum Sterben,
für mich ist es in einem Augenblick vorbei.

Gertrude Stein, die amerikanische Schriftstellerin, Dichterin und Kritikerin, die in den 20er Jahren Anlaß zu großen literarischen Kontroversen gab, ist dafür bekannt, daß sie Worte gern nach ihrem Klang und den mit ihnen verbundenen Assoziationen verwendete und weniger nach ihrer wörtlichen Bedeutung. Eine häufig zitierte und berühmt gewordene Zeile aus ihrem Werk *Heilige Emily,*

Eine Rose ist eine Rose ist eine Rose,

mag eine Anspielung sein auf den schon erwähnten Ausspruch der Julia in *Romeo und Julia.* Vielleicht soll sie gleichfalls die Rose ihres Glanzes und Zaubers berauben und daran erinnern, daß Rosen eben auch nur Blumen sind.

Nur wenige dichterische Werke sind so treffend wie der Text von F. E. Weatherly zu dem von Haydn Wood komponierten Lied *The Roses are flowering in Picardy.* Ursprünglich war es eine beliebte Weise in den letzten Jahren des Ersten Weltkrieges (es erschien 1916) gewesen. Für die nachfolgenden Generationen wurde es jedoch zu einer wehmütigen Erinnerung an Kameraden, Verwandte und Freunde, die in den furchtbaren Schlachten im Norden Frankreichs ihre Leben lassen mußten.

Die Rosen, sie leuchten in der Picardie,
Im Schatten des silbernen Taus.
Die Rosen, sie blühen in der Picardie,
Doch nie eine Rose wie du.
Und die Rosen, sie sterben mit der Sommerzeit,
Und unsre Wege voneinander so weit.
Doch eine Rose, die stirbt nicht in Picardie.
Die Rose, sie bleibt mir im Herz.

Viele Dichter und Schriftsteller haben die von einer Rose ausgehende scheinbare Idylle und Ausstrahlung dem wirklichen Leben gegenübergestellt, und keiner hat dies auf so amüsante Weise getan wie der schottische Erzähler, Dichter und Essayist Robert Louis Stevenson. 1881 schrieb er kurz nach seiner Rückkehr aus Amerika, wo er Fanny Osbourne heiratete, nachdem er sie von Frankreich aus verfolgt hatte, ein Essay mit dem Titel *Virginibus Puerisque.* In diesem reflektiert er offensichtlich seine Erfahrungen:

Die Ehe ist wie das Leben – man ist auf einem Schlachtfeld und nicht etwa auf Rosen gebettet.

Architektur, Malerei und Plastik

Glanzstücke der mittelalterlichen englischen Kirchenarchitektur sind die Rosetten, insbesondere jene in den Kathedralen von York Minster, Exeter und Gloucester. Auch die Kathedrale von Reims in Nordostfrankreich besitzt eine weltberühmte Fensterrose.

Diese Art Fenster zu gestalten wurde vermutlich von den heimkehrenden Kreuzfahrern eingeführt, die mit Bewunderung die Rose in der islamischen Kunst kennengelernt hatten. Darüber hinaus wurden Rosenmotive auch zur Verschönerung mittelalterlicher Wandteppiche und Handschriftenillustrationen benutzt.

Während des Mittelalters war in Nordeuropa die Rose ein beliebtes Motiv in der Malerei, mit dem man die Jungfrau Maria umgab. Oft wurde die Madonna inmitten einer Rosenlaube oder in einem Rosengarten abgebildet, mit der Rose als Symbol der Keuschheit und Jungfräulichkeit.

Rosen tauchen auch in vielen Gemälden späterer Maler auf, vor allem bei den Präraffaeliten, die Rosen als ein romantisches Element einsetzten. Diese um 1850 gegründete Künstlervereinigung stellte sich gegen damals herrschende Konventionen in Malerei und Literatur und strebte eine Rückbesinnung auf künstlerische Formen an, wie sie ihrer Ansicht nach in der Zeit vor dem italienischen Künstler Raffael (1483–1520)

Rosenmotive wurden häufig für dekorative Dinge verwendet. Diese der Gobelinstickerei ähnliche Arbeit auf einem Kissenbezug aus dem 16. Jahrhundert besteht aus Leinen, in das mit Seide und Wolle ein Rosenmotiv gestickt ist.

vorherrschend waren. Nachhaltig beeinflußt wurden sie durch Geschichte, Literatur, die Natur und die Bibel.

Andere Künstler wie Pierre-Joseph Redouté oder G. D. Ehret wurden durch ihre künstlerischen und der Botanik exakt entsprechenden Rosenstudien bekannt.

Die Madonna im Rosenhag von Martin Schongauer aus dem 15. Jahrhundert. Die Darstellung der von Rosen umgebenen Madonna war für mittelalterliche Künstler ein beliebtes Motiv.

Die Sprache der Rosen

CHINESISCHE ROSE *(Rosa chinensis)*	Nie schwindende Anmut und Schönheit; Schönheit ist immer jung
DAMASZENER-ROSE *(Rosa damascena)*	Einnehmende Erscheinung; stetige Schönheit
EINZELNE ROSE	Schlichtheit
FUCHSROSE *(Rosa foetida)*	Alles an dir ist bezaubernd
GELBE ROSEN	Untreue; nachlassende Liebe; Eifersucht
GELBE WEINROSE	Nachlassende Liebe
HUNDERTBLÄTTRIGE ROSE	Stolz; gefälliges Wesen
HUNDSROSE *(Rosa canina)*	Freude und Schmerz zugleich; Schlichtheit
KNOSPE DER MOOSROSE	Liebesgeständnis
KOHLROSE *(Rosa centifolia)*	Botschafter der Liebe
KRANZ AUS ROSEN	Belohnung für Schönheit und Tugend
KRONE AUS ROSEN	Belohnung einer Tugend
MEHRERE MOSCHUSROSEN *(Rosa moschata)*	Charmant
MOOSROSE *(Rosa centifolia)*	Sinnliche Liebe; Liebesgeständnis; große Anerkennung
MOSCHUSROSE *(Rosa moschata)*	Launische Schönheit
PROVENCEROSE *(Rosa centifolia)*	Mein Herz steht in Flammen
Rosa multiflora	Würde

Verliebte haben immer einen Weg gefunden, verborgen und doch eindeutig, Botschaften an den Mann oder die Frau ihres Herzens zu senden. Ein ermunterndes Lächeln oder ein Zuzwinkern waren probate Lockmittel, doch es mit Rosen zu sagen ist noch viel romantischer. Dabei ist es gar nicht notwendig, gleich große und womöglich teure Sträuße zu erwerben, eine einzige rote Rose sagt alles.

In vielen Ländern und Zivilisationen wurde bereits früh mit Pflanzen allerlei Geheimes verbunden, doch eine ganz bestimmte Bedeutung haben einzelne Blumen zuerst im Orient erhalten. 1716 begleitete Lady Mary Wortley Montagu ihren Gatten zum türkischen Hof in Konstantinopel, wo er zum Botschafter an der Pforte, dem Hof und der Regierung des Osmanischen Reiches, ernannt wurde. Von Pera, das von der Hagia Sophia aus gesehen auf der anderen Seite des Goldenen Horns liegt und heute Beyoglu heißt, schickte sie einen türkischen Liebesbrief nach England und legte in ihm die Bedeutungen einer Reihe von Pflanzen,

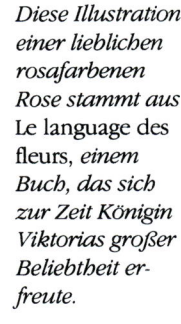

Diese Illustration einer lieblichen rosafarbenen Rose stammt aus Le language des fleurs, *einem Buch, das sich zur Zeit Königin Viktorias großer Beliebtheit erfreute.*

Auf dem Bild eines Wiener Kaffeehauses von Johann Hamza (1850 bis ?) wird mit einer einzelnen Rose um eine Frau geworben – ein Brauch, der auch heute noch seine Gültigkeit hat.

Ungezwungene Schwärmerei und lockeres Getändel sind auf diesem Bild von Eugene de Blaas (1843–1931) thematisiert.

Blumen und Gewürzen aus. Das Wundersame an den Blumen sei, so meinte sie, daß Liebesworte und -botschaften auf eine feinere Art übermittelt werden könnten, man könne sich sogar heftig streiten, ohne sich die Hände mit Tinte schmutzig machen zu müssen.

Lady Montagu war eine gefeierte Schriftstellerin und Briefautorin, die später mit ihrem engen Freund, dem Dichter und Satiriker Alexander Pope, einen Streit ausfocht.

Das Übermitteln von Botschaften mit Hilfe von Blumen wurde von den Franzosen übernommen und kehrte später in den ersten Jahren der Herrschaft Königin Viktorias wieder nach England zurück. Viele Bücher wurden damals über dieses Thema geschrieben, dabei entnahm man das meiste dem Werk *Le langage des fleurs* von Madame de la Tour, wenn auch einige recht deftige und unverblümte Definitionen etwas entschärft und dem englischen Geschmack angepaßt werden mußten.

Obwohl der Brauch, sich beim Werben um eine geliebte Person dieser Sprache der

›ROSA MUNDI‹ (*Rosa gallica* ›Versicolor‹)	Vielfalt
ROSE IN VOLLER BLÜTE ÜBER ZWEI KNOSPEN	Ein Geheimnis
ROSE ›MAIDEN'S BLUSH‹ (Sorte der *Rosa alba*)	Wenn du mich liebst, wirst du es erfahren
ROSEN IM BRAUTSTRAUSS	Glückliche Liebe
ROSEN IM GRASBÜSCHEL	In guter Gesellschaft kann man nur gewinnen
ROSENBLATT	Ich bin niemals aufdringlich
ROTE ROSENKNOSPE	Rein und schön; du bist jung und schön
VERBLÜHTE ROSE	Verblichene Schönheit
VERWELKTE WEISSE ROSE	Vergängliche Eindrücke
WEISSE ROSEN	Ich bin deiner wert; Schweigen
WEISSE ROSEN VOLLER KNOSPEN	Verschwiegenheit
WEISSE ROSENKNOSPE	Zu jung für die Liebe; Mädchenalter; von der Liebe unberührtes Herz
WEISSE UND ROTE ROSEN ZUSAMMEN	Verbundenheit; Herzenswärme
WIESENROSE (*Rosa carolina*)	Liebe ist gefährlich
YORK UND LANCASTER-ROSE (*Rosa damascena* ›Versicolor‹)	Krieg
ZENTIFOLIE (*Rosa centifolia*)	Schlichtheit und Schönheit; uneitle Schönheit

Blumen zu bedienen, den Höhepunkt seiner Beliebtheit im 19. Jahrhundert erreichte, haben viele der Bedeutungen bis heute noch ihre Gültigkeit behalten. Nicht nur die Rose selbst ist Ausdruck einer Botschaft, auch die Art ihrer Darreichung und Positionierung sagt viel aus. So bedeutet eine nach rechts gebogene Blume »Ich«, nach links gebogen bedeutet sie »Du« oder »Sie«. Daher sagt eine nach rechts gebogene rote Rosenknospe »Du bis rein und schön«.

Blätter bedeuten Hoffnung, und die Stacheln verheißen Gefahr. Rosen, die noch ihre Blätter haben, an denen aber die Stacheln entfernt wurden, haben die Bedeutung »Liebe voller Hoffnung und Vertrauen«. Wenn die Blume auf den Kopf gestellt wird, ist das Gegenteil gemeint.

Welche Bedeutung eine Blume hat, hängt auch davon ab, ob sie mit der linken oder rechten Hand überreicht wird. Genauso spielt die sie entgegennehmende Hand eine Rolle. Beispielsweise deutet die rechte Hand Annahme oder Bejahung einer Botschaft an, die linke Hand dagegen symbolisiert Ablehnung. Eine Provencerose, die in der rechten Hand überreicht wird, bestätigt eindeutig: »Mein Herz steht in Flammen«. Falls sie mit der rechten Hand entgegengenommen wird, dürfte der Überbringer allen Grund zur Freude haben!

An welcher Stelle eine Frau auf ihrem Kleid eine Rose trägt, hatte einst große Bedeutung: auf ihrem Herzen getragen war eine Rose ein deutliches Zeichen der Liebe, im Haar signalisierte sie Vorsicht, eine Rose im Décolleté bedeutete Freundschaft oder Erinnerung. Andere Blumen hatten an diesen Stellen ebenfalls eine ganz bestimmte Bedeutung, und so entstand eine umfangreiche Sprache.

Auch Schleifen und Bänder wurden in dieser detaillierten Liebessprache mit Aussagen bedacht. Ein Blumenstrauß, der von vorne betrachtet links mit einer Schleife zusammengebunden war, brachte eine Botschaft von derjenigen Person, die ihn überreicht. Schleifen auf der rechten Seite eines Straußes sagten etwas über den Empfänger aus.

Es gibt natürlich viele Blumen mit ganz speziellen Bedeutungen, und wenn man sie miteinander in einem Strauß kombiniert, können komplizierte Botschaften übermittelt werden. »Du bist schön, aber stolz, und ich entscheide mich gegen dich«, bedeutet ein nach links gebogener Strauß aus *Rosa rugosa*, purpurfarbenem Rittersporn und Rainfarn.

Obwohl heute direktere und eindeutigere Wege eingeschlagen werden, um eine Person zu umwerben – was poetisch ausgedrückt wie ein Buch ohne Vorwort ist –, hat es durchaus etwas für sich, beim Übermitteln einer Liebesbotschaft den Zauber einer Blume sprechen zu lassen.

DIE MOOSROSE – LIEBESLUST

*Eines Tages lag der Engel der
Blumen schlafend unter
einem Rosenbusch;
Erwachend aus dem leichten
Schlaf flüsterte der Engel
der Rose zu:
»O du mein liebstes Pflege-
kind, das schönste, wo
alles schön;
Für den süßen Schatten, den
du mir gibst, wünsche dir,
was du auch willst, es ist
gewährt!«
»Dann«, sagte die Rose, noch*

*tiefer glühend, »gewähre
mir noch eine Gabe.««
Der Engel dachte schweigend
nach: Welch eine Gabe
fehlte dieser Blume
noch? –
Nur einen Augenblick, dann
wirft der Engel einen
Schleier Moos über die
Rose;
Und so in der Natur beschei-
denstes Kraut gewandet –
welche Blume könnte die
Rose übertreffen?*

Ein botanischer Überblick

Mehr als alle anderen winterharten Garten-sträucher haben Rosen seit jeher die Auf-merksamkeit von Blumenliebhabern auf sich gezogen, sowohl als Zierde für den Gar-ten als auch als schmückendes Blumenarran-gement für das Heim. Einheimische Rosen gedeihen nur in den gemäßigten Zonen der nördlichen Halbkugel, unterhalb des nördli-chen Wendekreises findet man lediglich drei oder vier Arten in Gebirgsregionen. Aus den einheimischen Rosen dieser Gebiete wurde die Vielfalt der heute existierenden moder-nen Rosenarten und -sorten gezüchtet.

›Rosa Mundi‹, dargestellt von dem Botaniker G. D. Ehret (1710 bis 1770). Bei die-ser bekannten Rose handelt es sich um Rosa gallica ›Ver-sicolor‹.

Die Entwicklung der modernen Rosen

Im Mittelalter waren die in Europa am häufig-sten gezüchteten Rosenarten die *Rosa alba*, die *Rosa damascena* sowie die *Rosa gallica*, die auch Gallische Rose, Essigrose oder, we-gen ihrer starken Verbreitung um Provins im südöstlich von Paris gelegenen Departement Seine-et-Marne, insbeson-dere auch Provins-Rose genannt wird.

Diese mittelalterlichen Rosen unterschie-den sich stark von den modernen Versio-nen derselben Arten. Sie hatten kleinere Blüten, und ihr Duft war leichter. Dennoch gab es einige Rosen, die, wie etwa die Apothekerrose (*Rosa gallica* ›Officinalis‹), ge-trocknet besonders stark dufteten.

Zwei andere frühe Rosenarten sind auf dem europäischen Festland und den Britischen Inseln heimisch, die *Rosa phoenicia* und die *Rosa canina*, die Hundsrose. Eine weitere frühe Rosenart ist die Moschusrose, *Rosa moschata*. Wie ihr Name schon andeutet, hat sie einen typischen Mo-schusduft und trägt den ganzen Spätsommer bis in den Herbst hinein einfache cremefar-bige Blüten. Diese Rosen gelten als die Vor-fahren der modernen Rosen, und ihnen ver-danken wir auch deren Vielfalt. Natürlich tauchten auch hier und da einige Hybriden und Sports auf, die in das Spektrum der vorhandenen Rosen aufgenommen wurden.

Zwischen 1792 und 1824 kamen vier hy-bride Rosen aus China nach Europa, die mehrere begehrenswerte Eigenschaften mit-brachten. Diese Hybriden stammten von der *Rosa chinensis*, der Chinesischen Rose (mit rosa bis karminroten Blütenfarben), und der *Rosa gigantea*, die gelbe Blütenfarben ein-führte, ab. Aus einer Kreuzung von *Rosa chinensis* und *Rosa gigantea* entstand die *Rosa odorata*, eine der Vorgängerinnen unserer heutigen Teerosen und Teehybri-den.

Eine dieser vier hybriden Rosen kennen wir unter verschiedenen Namen wie ›Old Blush China‹ oder ›Parson's Pink China‹. Wie wir aus einer Illustration von 1000 n. Chr. wissen, war sie in China bereits seit einigen Jahrhunderten bekannt. Zwei der anderen, ›Hume's Blush‹ und ›Parks' Yellow‹ scheinen ausgestorben zu sein, aber die vierte, ›Slater's Crimson‹ wird immer noch kultiviert,

Diese rosa Rose ist eine frühe botani-sche Zeichnung von Jacques Le Moyne de Morgues Mitte des 16. Jahr-hunderts.

Diese botanische Studie von Pierre-Joseph Redouté zeigt Rosa alba regalis, *eine Rose, die im Europa des Mittelalters häufig gepflanzt wurde.*

braucht aber ein warmes Klima, um gedeihen zu können. Neben den neuen Farben, die diese Hybriden mitbrachten, zeichneten sie sich, obwohl sie zart und nicht ganz winterhart waren, durch eine besonders lange Blühphase aus, die den ganzen Sommer über bis zu den ersten Herbstfrösten währte.

Im ersten Jahrzehnt des 19. Jahrhunderts, als man schon mehr über Hybridbildung wußte, boten diese Rosen einen großen Schatz an Düften und Blütenfarben und zudem lange Blütezeiten. Mit diesen Merkmalen wurden die früheren Arten bereichert, so daß man eine vielfältige Sortenpalette erhielt. Es gab natürlich noch andere Rosen, die in der Rosenzüchtung eine wichtige Rolle spielten, wie zum Beispiel die Wildrosen *Rosa multiflora* und *Rosa pimpinellifolia*, auch unter dem Namen *Rosa spinosissima* bekannt. In Zentralasien sind ebenfalls wichtige Rosen heimisch, wie die bekannte *Rosa xanthina* und die anmutige, farnartige *Rosa webbiana*.

Nordamerika ist die Heimat vieler großartiger Rosenarten, wie zum Beispiel der *Rosa pratincola*, der *Rosa virginiana* und der aus dem Bundesstaat New Mexico stammenden *Rosa stellata*.

Die fortdauernde Entwicklung moderner Rosen wird von der Suche nach einer absolut winterharten und perfekt geformten Rose begleitet. Es bleibt zu hoffen, daß diese Auslese nicht zum Artenverlust oder zum Untergang schöner Düfte und Farben führt.

Neue Rosenklassifikationen

Um eine bessere Übersicht über so viele verschiedene Rosen zu schaffen, wurden neue Rosenklassifikationen eingeführt. Man unterscheidet drei große Gruppen:

Die Gruppe der *Wildrosen* umfaßt natürliche Arten und Varietäten sowie Hybriden, die Wildrosen ähneln.

Als »alte« *Gartenrosen* bezeichnet man diejenigen Rosen, die schon vor der Entstehung der Teehybriden weit verbreitet waren, und zwar sowohl die kletternden als auch nichtkletternden Formen, wie zum Beispiel Alba-, Bourbon-, China-, Damaszener-, Gallica-, Moos-, Noisette- und kletternde Teerosen.

Zur Gruppe der *modernen Rosen* gehören alle Rosen, die weder zur Gruppe der »alten« Gartenrosen noch zu den Wildrosen gehören. Sie werden ferner in nichtkletternde und kletternde Formen unterteilt, wobei zur ersteren unter anderem die Teehybriden und zur letzteren die der Kletter- (Ramblers und Climbers) und Zwergkletterrosen gehören.

Wildrosen

Hierunter versteht man wildwachsende Rosenarten. Diese Gruppe schließt Varietäten und Hybriden, das heißt von Menschenhand durch das Kreuzen zweier Arten geschaffene Varietäten, mit ein. Eine bekannte Wildrose ist die *Rosa canina*, die man landläufig auch Hundsrose nennt. Sie kommt in Europa einschließlich Großbritannien vor und wurde auch in Nordamerika eingeführt. Eine auffällige Varietät der Hundsrose, die durch Zufall in einem berühmten engli-

schen Garten auftauchte, ist ›Abbotswood‹.
Die Schönheit ihrer duftenden, dichtgefüllten rosa Blüten, die auf anmutigen, leicht geneigten Trieben sitzen, ist unbestritten.

Die schwach duftende *Rosa ecae* ›Helen Knight‹, eine Züchtung des Gartens der Royal Horticultural Society in Wisley, ist ein Beispiel für eine von Menschenhand geschaffene Varietät. Zwar ist die Spezies in Afghanistan beheimatet, diese besondere Sorte wurde jedoch 1966 von Frank Knight, einem Vorsitzenden der Gesellschaft, in Kultur genommen.

»Alte« Rosen

Rosa damascena aus Les roses *von* Redouté. Neben Rosa alba *und* Rosa gallica *war diese Rose in mittelalterlichen Gärten häufig anzutreffen.*

Diese Klasse umfaßt eine Vielzahl verschiedener Rosen, die als Mutationen (engl. »Sports«) oder Varietäten von Arten entstanden, die größtenteils in Ländern östlich des Mittelmeers beheimatet sind und sich im 19. Jahrhundert großer Beliebtheit erfreuten. Sie sind allesamt stark duftend und wurden vor der Einführung und Verbreitung der Teehybriden häufig angepflanzt.

ALBA-ROSEN stammen von der *Rosa alba* ab und sind unter verschiedenen Namen wie Weiße Rose, Weiße Rose von York und Jakobiter-Rose bekannt.

Die BOURBON-ROSEN sind Abkömmlinge der *Rosa damascena* und der *Rosa odorata* und tragen stark duftende, becher- oder kugelförmige, dichtgefüllte Blüten. Sie haben eine lange Blütezeit, die vom Hochsommer bis zu den ersten Herbstfrösten reicht, und ragen aus dunkelgrünen, glänzenden Blättern hervor.

Die von der *Rosa damascena* abstammenden DAMASZENER-ROSEN haben offene und locker angeordnete Blütenstände. Die Blätter sind weich behaart und graugrün. Die gut gefüllten, duftenden Blüten stehen im Hochsommer in losen Büscheln beieinander. Im Spätsommer bringen sie längliche, schlanke Hagebutten hervor.

Diese botanische Studie zeigt die Rosa canina *die Hundsrose, eine echte Wildrose, die auf dem europäischen Festland und in Großbritannien beheimatet ist und auch in Nordamerika eingeführt wurde.*

Rosa ecae ›Helen Knight‹ ist eine Züchtung aus den Gärten der Royal Horticultural Society in Wisley aus dem Jahre 1966.

ZWERGPOLYANTHA-ROSEN haben ihren Ursprung in Kreuzungen der *Rosa multiflora* mit Chinesischen Tee- und Noisette-Rosen. Es handelt sich um niedrige Büsche mit vielen kleinen pompomförmigen Blüten, die vor allem im Hochsommer in großen Büscheln beisammenstehen, später aber häufig noch einmal blühen.

Die GALLICA-ROSEN sind mit der *Rosa gallica* entfernt verwandt. Sie bilden eine große Gruppe mit dunkelgrünen Blättern, sind gut gefüllt und haben im Hochsommer intensiv duftende Blüten in Farben, die von Rosa bis zu Purpur und Mauve reichen. Gewöhnlich thronen sie auf steifen, aufrechten Trieben.

Die MOSCHATA-HYBRIDEN, die auf die *Rosa moschata*, die Moschusrose, zurückgehen, haben locker angeordnete Blütenstände auf bogenförmigen Stämmen mit Blättern, die auf der Oberseite dunkelgrün und auf der Unterseite graugrün sind. Vom Spätsommer bis zu den ersten Herbstfrösten tragen sie duftende Blüten in zahlreichen Farben.

REMONTANTROSEN verdanken ihre lange Blütezeit ihren chinesischen Vorfahren. Diese Hybriden von Bourbon- und Portland-Rosen wurden im Viktorianischen Zeitalter häufig angebaut. Die Einführung der Teehybriden setzte ihrer Beliebtheit ein Ende. Ihre runden, kohlkopfförmigen Blüten blühen einzeln oder in kleinen Dolden vom Hochsommer bis in den Frühherbst.

Die RUGOSA-HYBRIDEN sind das Ergebnis von Kreuzungen zwischen *Rosa rugosa* und anderen Rosenarten und Hybriden. Sie kommen im Hochsommer zur Blüte und blühen manchmal im Spätsommer noch einmal nach. Die Blüten sind gewöhnlich stark duftend und zunächst becherförmig, in ganz geöffnetem Zustand aber flach.

RUBIGINOSA-HYBRIDEN, auch bekannt als Penzance-Hybriden oder Weinrosen, wurden Ende des 19. Jahrhunderts gezüchtet. Sie tragen im Hochsommer üppige, angenehm duftende, flache, halbgefüllte Blüten, die in kleinen Büscheln zusammenstehen.

MOOSROSEN entstanden aus Mutationen und Hybriden der *Rosa centifolia*. Sie ähneln den Provence- oder Kohlrosen, unterscheiden sich von ihnen aber insofern, als die Ränder und Unterseiten ihrer Sepalen (Kelchblätter) mit Drüsen bedeckt sind, die duftendes Öl absondern. Die Blütentriebe sind stark behaart. Die Blütezeit der halb- oder vollgefüllten Blüten liegt im Hochsommer.

In der Entwicklungsgeschichte der PORTLAND-ROSEN spielt die *Rosa chinensis* – auch Chinesische Rose oder *Rosa indica* genannt – eine Rolle. Die Portland-Rosen sind die Vorläufer der Bourbon-Rosen und der Remontantrosen. Die Blüten vom Typ der Damaszener-Rosen blühen im Hochsommer und noch mehrmals bis in den Herbst.

PROVENCE- oder KOHLROSEN stammen von der *Rosa centifolia* ab und tragen im Hochsommer duftende, dichtgefüllte Blüten.

Die BIBERNELLROSEN gehen auf die *Rosa spinosissima* zurück, die auch unter dem Namen *Rosa pimpinellifolia* bekannt ist. Es handelt sich hierbei um eine starkwüchsige, Ausläufer bildende Form, die während der ersten Hälfte des Sommers duftende, flache Blüten trägt.

Moderne Strauchrosen

Bei den modernen Strauchrosen handelt es sich um Hybriden aus »alten« Rosen und Wildrosen. Ihre Blüten sind unterschiedlich, mal einfach, mal halbgefüllt und in ganz geöffnetem Zustand flach. Die Blütezeit reicht vom Hoch- bis in den Spätsommer, die Blüten stehen einzeln oder in kleinen Dolden. Bei dem Versuch, einen mehrfach blühenden Rosenbusch heranzuzüchten, sind in manchen der Nachkommen viele wünschenswerte Merkmale verlorengegangen. Einige dieser Hybriden, wie zum Beispiel die beliebte ›Constance Spry‹, erwiesen sich dennoch als erfolgreiche Züchtungen.

Kletterrosen: Climbers und Ramblers

Diese beiden bekannten Rosenformen, die bei der Begrünung von Mauern, Pergolen und Säulen in Gartenanlagen eine große Rolle spielen, unterscheiden sich in ihrem Wuchs. Climbers haben kleinere Blütenrispen als die Ramblers und starre Stämme, die sich mit zunehmendem Alter zu einem dichten Flechtwerk verbinden. Die Blüten sitzen vor allem auf den neuen Trieben.

Ramblers dagegen haben lange, kräftige, biegsame Triebe. Auch hier sind es vorwiegend die Jungtriebe, die die Blüten tragen.

Teehybriden

Die korrekte Bezeichnung der Teehybriden lautet heute »großblütige Buschrosen«. Im Jahre 1971 nahm die World Federation of Rose Societies den britischen Vorschlag für eine Umbenennung an, um eine genauere Beschreibung dieser Rosen zu gewährleisten. Der alte Name hat sich jedoch so festgesetzt und ist so weit verbreitet, daß viele Rosenschulen immer noch die frühere Terminologie verwenden.

Die Teehybriden – die Verwendung des alten, bekannteren Namens wird hier sicher auf Verständnis stoßen – sind die Nachfolger der Remontantrosen. Sie bieten mit ihren großen, gewöhnlich vollgefüllten, becherförmigen Blüten vom Hoch- bis in den Spätsommer ein farbenprächtiges Bild. Man verwendet sie häufig zur Bepflanzung von Rosenbeeten. Sie wachsen oft weniger buschig als ihre Vorfahren, und bei ihrer Züchtung hat man sich vor allem auf die Entwicklung großer Blüten, langer Blütezeiten und neuer Farben konzentriert, was bisweilen leider auf Kosten von Duft und Anmut ging.

Floribunda-Rosen

Auch für diese Gruppe setzte sich die genauere Beschreibung »vielblütige Buschrose« nicht durch. Die Floribunda-Rosen sind aus Kreuzungen zwischen frühen Teehybriden und Zwergpolyantha-Rosen entstanden und sind relativ neu.

Rot war lange Zeit die bevorzugte Rosenfarbe. Diese Blüten hier haben ein volles prächtiges Rot und eine exquisite Form.

In den frühen 20er Jahren bemühte sich der dänische Züchter Svend Poulsen, eine Rose mit großen, den ganzen Sommer hindurch blühenden Blütenrispen zu entwickeln. Im Jahre 1924 gelang ihm dies mit der Züchtung von ›Else Poulsen‹, der weitere folgten. Der Begriff »Floribunda« fand jedoch erst 1952 Eingang in die Rosenterminologie. Zwar sagt man von diesen Rosen, daß sie nicht die Schönheit und Größe der Teehybriden erreichen, dafür blühen sie jedoch den ganzen Sommer hindurch bis in den Herbst. Es gibt neuerdings aber auch Sorten mit intensiverem Duft und größeren Blüten, so daß es schwerfällt, manche Floribunda-Rosen von Teehybriden zu unterscheiden.

Unter den Floribunda-Rosen gibt es sowohl Sorten mit kräftigem Wuchs als auch Zwergformen. Letztere sind auch als Patio-Rosen bekannt, da sie sich hervorragend zur Bepflanzung von Innenhöfen und Beet- und Wegrändern eignen.

Miniaturrosen

Diese zierlichen Sträucher sind bezaubernd und faszinierend zugleich. Die kleinen, zarten, halb- oder vollgefüllten Blüten entfalten in der ersten Hälfte des Sommers zwischen fast stachellosen Trieben ihre volle Pracht. Häufig blühen sie mehrmals. Während die eigentlichen Miniaturrosen von der *Rosa chinensis* ›Minima‹ abstammen, sind durch Einkreuzung viele Zwergformen mit Eigenschaften von Teehybriden und Floribunda-Rosen entstanden.

Ein Strauß Rosen

Nur wenige Blumen lassen sich so vielfältig verwenden wie Rosen. Sie sorgen nicht nur im Freien den ganzen Sommer hindurch für einen farbenfrohen Anblick, sondern sie eignen sich auch hervorragend als Schnittblumen Duft und Form allein machen aus ihnen schon eine für Vasen und Schalen prädestinierte Blume, doch die Vielfalt ihrer Farbenpracht übertrifft darüber hinaus noch fast alle anderen Zierblumen.

Ihres zauberhaften Duftes wegen ist die Rose schon seit jeher ein begehrter Rohstoff für die Parfümherstellung, und da dieser Duft auch beim Trocknen erhalten bleibt, waren sie schon immer ein obligatorischer Bestandteil der begehrten Potpourris und Duftsäckchen. Jahrhundertelang betrieb man den kommerziellen Anbau von Rosen zur Gewinnung des verführerischen Rosenöls für die Parfümherstellung, und destilliertes Rosenwasser ist noch heute eine geschätzte Zutat für viele Rezepte aus dem Nahen Osten, in denen der süße Duft und der feine Geschmack dieser Blume unverzichtbar sind.

Es genügen bereits wenige Rosensträucher in einem Garten, um mit genügend Trieben für Blumenarrangements, getrockneten Blättern für Potpourris und Hagebutten für die Küche versorgt zu sein. Das Abschneiden verwelkter Blüten verlängert die Blütezeit des Strauches. Schneidet man die Blüten vor Ende der Saison ab, so kann man daraus ein duftendes Potpourri aus selbstgezogenen Rosen herstellen. Gerade aufbrechende Rosenknospen kann man mit den Köpfen nach unten in einem warmen, trockenen Raum zum Trocknen aufhängen. Sie bewahren ihre Farbe hervorragend und lassen sich im Winter – eventuell unter Hinzunahme anderer Blumen – zur Herstellung hübscher Blumengestecke verwenden.

Frische Rosen sehen ohne weiteres Beiwerk wunderschön aus, zum Beispiel als üppiger Strauß in einem bauchigen Gefäß oder zu wenigen in einer schmalen Vase; sie lassen sich aber auch vorzüglich mit anderen Blumen und Blättern zu niedlichen Biedermeiersträußchen oder großen, ausgefallenen Arrangements kombinieren. Gartenrosen sind, anders als ihre Schwestern aus dem Blumengeschäft, durchweg kurzstielig. Man stellt sie daher am besten in einen Krug oder in ein niedriges Gefäß. Ihre üppigen Blüten und deren knitterseidige Struktur ergeben ein unvergleichliches, farbiges und bewegtes Bild.

Bei der Vorbereitung und dem Arrangieren von Rosen müssen nur wenige Dinge befolgt werden. So sollten die Rosenstiele immer frisch schräg angeschnitten und durch einen Schlag mit dem Hammer oder einen Messerschnitt ein bißchen aufgespalten werden, sofern sie holzig sind. Die Stacheln und unteren Blätter oder die gesamten Blätter sollte man entfernen, da sonst das Wasser schneller faulig wird. Rosen sind sehr dankbar für ein langes, kühles Fußbad über Nacht oder zumindest für ein paar Stunden, bevor sie verarbeitet werden.

Der mit frischen Gartenrosen prallgefüllte Krug vor dem alten Landhausfenster auf dem Foto gegenüber sieht äußerst lebendig und farbenfroh aus. Man sollte den Höhepunkt der Saison nutzen und diese klassischen Gartenrosen pflücken, solange sie blühen. Wegen ihrer kurzen Stiele eignen sie sich sehr gut für einen üppigen Strauß im dazu passenden Krug. Die Rose war auch schon immer ein beliebtes Blumenmotiv für Stoffe und Porzellan. Die viktorianische, mit Rosen bedruckte, gesteppte Decke gibt einen vollendeten Hintergrund ab für den ausdrucksvollen Krug.

Auf den folgenden Seiten findet sich eine Fülle von Ideen für die Verwendung von Rosen – ob zu einem prächtigen Gesteck, einem feinen Dessert oder einem duftenden Potpourri.

Ein üppiger Strauß Gartenrosen in den verschiedensten Rottönen, arrangiert in einem blumenverzierten Krug vor einem rustikalen Landhausfenster.

Kaum jemand vermag den im Sommer blühenden roten und rosafarbenen Rosen zu widerstehen. Man kann sie zu aufwendigen Blumenarrangements zusammenstellen oder als Zutat für Speisen und Potpourris verwenden.

Frische Blumenarrangements

Im Hochsommer gibt es nichts Bezaubernderes als einen Strauß frisch geschnittener Rosen. Da Rosen zu dieser Jahreszeit schon von sich aus wunderschön sind und edel aussehen, bringt sie ein einfaches Arrangement häufig am besten zur Geltung. Je nachdem, welchen Effekt man erzielen möchte, können sowohl Körbe, Krüge, Schalen als auch herkömmliche Vasen auf unterschiedlichste Weise eingesetzt werden.

Ein Korb voller Rosen

Mehr als jede andere Blume ist die Rose seit jeher eine Quelle der Inspiration für Künstler aller Epochen gewesen. Fantin-Latour, ein Maler des 19. Jahrhunderts, ist für seine Blumenstilleben bekannt, die Vertrautheit und Ruhe ausstrahlen. Die vollerblühten, frühen Sommerrosen auf dem nebenstehenden Bild erinnern an seine Gemälde. Die dichten, schweren, pastellfarbenen Blüten verbreiten einen starken Duft; jede Beigabe würde ihre vollendete Schönheit beeinträchtigen.

Um eine solche Wirkung zu erzielen, wird ein Korb sorgfältig mit wasserundurchlässigem Material ausgeschlagen und mit feuchter Steckmasse gefüllt. Damit die Rosen länger halten, werden vorher alle Stiele schräg angeschnitten, die unteren Blätter und Stacheln entfernt und die Rosen noch einmal lange ins Wasser gestellt, bevor sie in die Masse gesteckt werden.

Die meisten Rosen in dem rustikalen Korb sind klassische Sorten wie ›Baron Girod de l'Ain‹, ›Céleste‹, ›Gloire de Dijon‹, *Rosa gallica* ›Officinalis‹ und ›Fantin Latour‹, aber bei einigen handelt es sich auch um moderne Rosen, die mit dem Ziel gezüchtet wurden, den alten Buschrosen in Farbe, Form und Duft möglichst nahezukommen. Dazu zählen beispielsweise ›Aloha‹ und die Floribunda-Rose ›Magenta‹. Für ein solches Arrangement nimmt man am besten sich ergänzende oder kontrastierende Farbtöne. Die hier verwendeten rosa-, aprikot- und cremefarbenen Rosen ergeben eine besonders zarte Zusammenstellung.

Eine Auswahl klassischer Rosen ist hier in einem rustikalen Korb zusammengestellt. Wo dieses Blumenarrangement auch plaziert ist, es wird immer das Flair eines ländlichen Gartens verbreiten.

Gelbe Rosen in einer Lüsterschale

Schon lange ist es üblich, runde Schalen als Gefäß für Schnittrosen zu verwenden. Früher verschenkte man zur Hochzeit oder zum Geburtstag gern eine silberne Rosenschale, die gewöhnlich mit einem Drahtgeflecht überspannt war, um Blumen darin zu fixieren. Eine solche Schale läßt großblütige Teehybriden schön zur Geltung kommen, wenn man sie auf ein niedriges Möbelstück setzt, so daß der Blick schräg von oben auf sie fällt.

Diese hübsche, rosa schimmernde Lüsterschale mit vergoldetem Fuß eignet sich bestens für die abgebildete prächtige Auswahl an Rosen. Die Rosenkomposition aus Goldgelb, Zartrosa und sattem Aprikot liegt eingebettet in einer Wolke aus giftgrüner *Alchemilla mollis* (Frauenmantel).

Um die schweren Blütenköpfe zu stützen, nimmt man ein Stück Steckmasse oder ein Geflecht aus Draht, so daß jede Blüte genau dort plaziert werden kann, wo man sie haben will.

Gartenwicken, Lavendel und Rosen

Damit gleichfarbige Rosen in einem Strauß voll zur Geltung kommen, brauchen sie kontrastierende Formen, Strukturen oder Farben. Im nebenstehenden Bild wurden Rosen in einem satten Buttercremeton mit zarten, lavendelfarbenen Gartenwicken und einigen Stielen duftendem französischem Lavendel kombiniert. Der zarte Strauß steht in einem verspielten, farbenfrohen Krug mit einem erhaben herausgearbeiteten Muster aus gewundenen Rosenzweigen. Die Schlichtheit und die sanften Farben der Blumen machen aus einer zunächst gewagt erscheinenden Idee einen lieblichen Sommerstrauß.

Bei diesem enghalsigen Krug benötigen die Blumen keine besondere Stütze, es sei denn, die Stiele sind sehr kurz. In diesem Fall kann man sich mit ein wenig gewundenem Draht behelfen. Nachdem man zunächst die Rosen festgesteckt hat, schiebt man die Wikken und die Lavendelstiele einfach in die Lücken zwischen den großen Blüten.

Die ungewöhnliche Farbkombination von cremefarbenen Rosenblüten, Gartenwicken und duftendem Lavendel macht sich in einem verspielten Krug besonders gut.

Eine stark schimmernde, mit Gold abgesetzte Lüsterschale ist das perfekte Gefäß für buttergelbe, dichtgefüllte Rosen zwischen giftgrüner Alchemilla mollis.

Rote Rosen und blaue Karos

Floribunda-Rosen, die Blütendolden haben anstelle von Trieben mit nur einer oder wenigen Blüten, eignen sich hervorragend als Schnittblumen, sofern man sich nicht daran stört, dem Garten etwas von seiner Farbenpracht zu nehmen. Bei den meisten der kommerziell angebauten und in den Blumengeschäften verkauften Rosen handelt es sich um langstielige Einzelblüten, die sich gut als Knopflochschmuck oder für feierliche Blumengestecke eignen, aber nicht mit der Farbfülle und Üppigkeit der vielblütigen Formen aufwarten können. Mittlerweile beliefern jedoch einige findige und aufmerksame Züchter den Blumenhandel mit neuen Rosensorten, die ähnlich der Floribunda-Gartenrosen vielblütige Dolden aufweisen. Viele dieser neuen Formen sind das Ergebnis von Kreuzungen zwischen modernen Floribunda-Rosen und Teehybriden. Was den Duft anbelangt, scheinen Gartenrosen – und allen voran die alten Sorten – den anderen Arten allerdings immer noch spielend überlegen zu sein.

Der Umgang mit leuchtendem Scharlachrot scheint zunächst schwierig, aber wie man sieht, bedarf es lediglich starker Farbkontraste und schlichter, klarer Formen, um eine günstige Wirkung zu erzielen. Zwei verschiedene Sorten leuchtendroter Floribunda-Rosen wurden dicht gedrängt in eine alte französische Kaffeekanne aus Emaille gesteckt. Das frische, blau-weiße Karomuster bildet ein perfektes Pendant zu den samtigroten Blütenblättern. Es wurden nur wenige grüne Blätter an den Rosenstielen stehengelassen, um eine möglichst hohe Farbkonzentration zu erreichen. Jede Beigabe hätte diesen klaren Eindruck verwässert. Da dieser Strauß in seiner Schlichtheit zeitlos ist, würde er sowohl in ein kleines, altes Landhaus als auch in ein schickes modernes Großstadtappartement passen.

Diese Idee läßt sich nicht weniger eindrucksvoll auch mit dunkelrosa, goldgelben oder kräftigorangefarbenen Rosen umsetzen. Eine solche Pracht an Blütenköpfen würde in jedem Krug, jeder Kaffeekanne oder – als kleine thematische Variation – sogar in einer Teekanne gut aussehen.

*Ein üppiger Strauß
leuchtendroter
Floribunda-Rosen
in einer blau-weiß
gemusterten fran-
zösischen Kaffee-
kanne erzielt einen
auffälligen Kon-
trast.*

Die blassen Farben und das verbli-chene Dekor dieses alten Kruges har-monieren perfekt mit dem Garten-sträußchen aus Rosen, Klematis, Jungfer im Grünen und winterhartem Storchschnabel.

Dies sind zwei ganz unterschiedliche Rosenideen, aber beide haben etwas Ge-schichtsträchtiges. Der buntgemischte Gar-tenstrauß in einem Krug in hellen Blautönen ähnelt dem spätgotisch-verspielten Stil, wäh-rend das steife Bäumchen im Blumentopf an die in Form geschnittenen und gestutzten immergrünen Hecken und Wegbegrenzun-gen der englischen Parkanlagen des 17. Jahr-hunderts erinnert. Mit den richtigen Zutaten lassen sich beide Ideen leicht verwirk-lichen.

Ein Sträußchen mit ländlichem Flair

In einem alten Krug aus dem 18. Jahrhundert in blassen Blau- und Cremetönen ist dieses hübsche rosa Sträußchen am besten aufge-hoben. Solche kleine Sträuße sortiert man am besten in der Hand und stellt sie dann einfach in das entsprechende Gefäß. Zu-nächst pflückt man eine breite Palette ver-schiedener Blumen und Blätter, wie zum Beispiel Rosen, Klematis, die Fruchtkapseln der Jungfer im Grünen *(Nigella damascena)* und winterharten Storchschnabel, und macht daraus in der Hand einen buntge-mischten Strauß. Dann bindet man den Strauß mit einer Schnur oder einem Draht zusammen und schneidet die Stiele unten gleichmäßig, aber nicht zu kurz ab. Danach kommt der Strauß in den wassergefüllten Krug.

Ein Rosenbäumchen

Für ein solches Topfarrangement füllt man einen alten Terrakotta-Blumentopf mit Steck-masse und steckt einen kräftigen Zweig hin-ein. Auf die Spitze des Zweiges wird ein kugelförmiges Stück feuchter Steckmasse ge-setzt und dicht mit kurzen Zweigen immer-grüner Blätter, wie zum Beispiel Buchsbaum, Myrte oder Schleimbeere, bespickt. Dann werden kurzstielige, aprikotfarbene Rosen-knospen gleichmäßig verteilt zwischen die Blätter geschoben. Abschließend bedeckt man die Steckmasse im Topf mit Erde, um das Ganze natürlicher aussehen zu lassen. Man kann dem Topf mit einer Schleife auch einen Hauch von Luxus verleihen oder mehr Blüten und weniger Blätterwerk ver-

wenden, um so eine blumigere, noch edlere Wirkung zu erzielen. Eine gute Idee ist es, gleich zwei dieser kunstvollen Bäumchen anzufertigen und sie als auffällige, herrschaft-lich anmutende Dekoration beiderseits eines Eingangs zu plazieren.

Der Stil dieses Arrangements läßt sich durch die Wahl der Blütenfarbe und dem darauf abgestimmten Topf einfach abwan-deln — mal wirkt es elegant, mal etwas rusti-kaler.

Ein Miniatur-Rosenbaum aus Zweigen, immer-grünem Blätter-werk und kleinen, aprikotfarbenen Rosenknospen. Der irdene Topf bildet einen reizvollen Gegensatz zum förmlichen Blüten-ball.

Ein Korb mit ›Mainzer Fastnacht‹

Dieser wunderschöne, korbfüllende Sommerstrauß aus Rosen und Gartenwicken überrascht durch seine Farbkombination. Die herrlich duftenden Blumen harmonieren perfekt miteinander, und im Sommer dürften beide zumindest während einiger Wochen ohne weiteres in voller Pracht zu finden sein. Aus ihnen lassen sich die verschiedensten Blumenarrangements zusammenstellen.

Körbe sind immer wirkungsvolle Behälter für Blumen aller Art. Sie eignen sich für die verschiedensten Arrangements. Um den Blumen Halt zu geben, legt man ihn mit einer Plastikfolie aus und füllt ihn dann mit feuchter Steckmasse, oder man benutzt den Korb als dekorativen Übertopf und setzt einfach ein wasserdichtes Gefäß hinein. Um einen so vollen, üppigen Effekt wie auf dem nebenstehenden Bild zu erzielen, bietet sich zum Stecken der Blumen Steckmasse als die einfachere Methode an.

Die Rosensorte ›Mainzer Fastnacht‹, die auch unter dem Namen ›Blue Moon‹ bekannt ist und deren Farbe eher ein feines, rauchiges Mauve denn Blau ist, sieht zusammen mit unterschiedlichen warmen Gelb- und Aprikottönen wundervoll aus. Um die Malvenfarbe der Rosen noch mehr hervorzuheben, wurde dieser Strauß großzügig mit Wicken in einem helleren Lavendelton durchsetzt. Auf Blattwerk wurde völlig verzichtet, um ein Höchstmaß an satten, wirkungsstarken Farbkontrasten zu erreichen.

Es gibt eine Vielzahl von wunderschönen Körben zu kaufen, die sich als Blumenbehälter eignen. Man hat die Wahl zwischen naturbelassenen und farbigen Körben. Will man einen Korb in einer ganz besonderen Farbe, so ist es ein leichtes, einen hellen, unbehandelten Korb zu färben und ihm so den gewünschten Ton zu geben. Hier bietet sich das zarte Hellgrün insofern an, als es mit den vielen verschiedenen Farben gut harmoniert; es paßt aber auch zu den unterschiedlichsten Grüntönen von Blattwerk.

Dieser herrliche Strauß ist der Inbegriff sommerlicher Farbenpracht. Die duftende Komposition besteht aus Rosen in zarten Lavendel-, Aprikot- und Pfirsichtönen sowie blassen, mauvefarbenen Wicken.

Sträußchen in Pastell

Ausgesuchte Rosenblüten am Anfang oder Ende der Blütezeit oder einzelne Rosen von einer geliebten Person überreicht, verdienen eine besonders aufmerksame Behandlung. Es sieht hübsch aus, wenn man sie einzeln oder in kleinen Sträußchen in separaten Gefäßen zusammenstellt. Dazu werden die Rosen in zueinander passenden Wein- oder Saftgläsern aufgereiht oder beliebig gruppiert; das Wasser sollte immer frisch und sauber sein. Da derart arrangierte Blümchen den Betrachter einladen, sich niederzubeugen und ihren Duft einzuatmen, sollte man sie so stellen, daß dies auch ohne weiteres möglich ist.

Helle oder durchsichtige Glasgefäße erhalten einen zusätzlichen Reiz, wenn von hinten Licht durchscheint. Eine sonnige Fensterbank ist deshalb ein idealer Standort. Man kann sie aber auch auf einem einfachen Regal vor einer schlichten Wand aufreihen, so daß sich ihre Formen klar abheben.

Cremeweiße Rosen in einem Krug

Die cremefarbenen Blüten einer Rose wie ›Schneewittchen‹ sind von einer Reinheit und Frische, wie sie nur wenige andere Blumen aufweisen können. Sie verlangen auch in der Gestaltung nach Schlichtheit, wenn sie voll zur Geltung kommen sollen. Ein dezentes Gefäß ohne überflüssigen Zierat paßt deshalb am besten zu ihnen. Stehen viele Blüten zur Verfügung, dann sollte man einen auffälligen Blickfang zusammenstellen, der sich zudem mehrere Tage hält. Krüge bieten sich als Gefäße für Rosen geradezu an, da sie die schweren Blütenköpfe von allein stützen, ohne daß das Ganze steif aussieht. Außerdem lassen sie den Strauß insgesamt etwas höher erscheinen. Durch den sich verengenden Hals werden die dünnen Stiele zusammengehalten, und der Henkel gibt dem ganzen Gebilde zusätzlich Form und Schwung. Ein reizvolles Stilleben geben Rosen auch in einer alten Waschschüssel mit dazupassendem Krug ab.

Kühles Weiß für einen heißen Sommertag – ein anmutiges Ensemble aus ›Schneewittchen‹, Krug und Schüssel in schlichtem Weiß und perfekt dazu harmonierende aquamarinblaue Mohnfruchtkapseln.

Kleine Röschen und einzelne Rosen sollten besonders aufmerksam behandelt werden. Blüten in kleinen Bechern aus Milchglas gruppiert unterstreichen ihre Zartheit.

Rosen und Glasvasen

Rosen gibt es in allen möglichen Rosatönen, von auffälligem, knalligem Rosa bis hin zu zartem Perlmutt. Jede Blüte kann bedingt durch die Fülle der Blütenblätter und das Spiel des Lichts viele verschiedene Schattierungen einer Farbe aufweisen. Darum lohnt es immer, verschiedene rosafarbene Rosen zusammenzustellen. Viele Sorten der »alten« Rosen, wie zum Beispiel ›Comte de Chambord‹, ›La Reine Victoria‹ und ›Petite de Hollande‹, zeichnen sich durch ein wundervoll kräftiges Bonbonrosa aus, das an Himbeermus mit Sahne erinnert. Das Rosa der modernen Rosen ist häufig mit mehr Orange und Gelb durchsetzt und geht in Pfirsich- und Lachstöne über. Einige neue Sorten wie die beliebte ›Constance Spry‹, ›Pink Favorite‹ und die Kletterrose ›Pink Perpétue‹ weisen dieses kräftige, altmodische Rosa jedoch wieder auf.

Funkelnde Glasgefäße passen sehr gut zu Rosenblüten. Dabei läßt sich aus allen Formen etwas machen. Falls vorhanden, können kunstvolle geschliffene Gläser, ansonsten aber auch einfache, glattwandige, moderne Schüsseln oder zylindrische Gefäße verwendet werden. Kleine Marmeladengläser und Dessertschalen eignen sich besonders für niedliche Sträußchen, während sich einzelne, edle Blüten und ausgesuchte Prachtexemplare in gestielten Wein- oder Likörgläsern sehr gut machen. Antikes Preßglas findet man mit etwas Glück immer noch für relativ wenig Geld, und für niedrige Arrangements aus vielen Rosenblüten sind Schüsseln und Schalen aus diesem Material äußerst reizvoll.

Welches Glasgefäß man auch wählt, man sollte höchsten Wert darauf legen, daß das Glas blitzsauber und das Wasser darin möglichst klar ist. Dies bedeutet, daß das Blumenwasser häufig gewechselt werden muß und daß die Stiele unter Wasser frei von Blättern sein sollten, da sich das Wasser sonst grün verfärbt und trüb wird. In Blumengeschäften gibt es Markenkristalle zu kaufen, die das Blumenwasser länger klar und frisch halten. Hierzu gibt es auch einen etwas älteren Trick: ein kleines Stück Holzkohle auf den Grund der Vase legen.

Ein eindrucksvolles Arrangement rosafarbener Rosen in durchsichtigen, funkelnden Gläsern. Selbst die unterschiedlichsten Rosatöre lassen sich miteinander mischen.

Biedermeiersträuße mit Rosen

Die Verwendung von Rosenknospen in zierlichen Sträußen hat eine lange Tradition. Angefangen bei den eigentümlichen Talismanen des 17. Jahrhunderts, die man ständig bei sich trug, um sich vor ansteckenden Krankheiten zu schützen, bis hin zu den sorgfältig zusammengestellten viktorianischen Sträußen, die in weiße Spitzen eingefaßt und in reichverzierte Silbergefäße gestellt wurden, hat die Rose unter den Blumen immer eine Vorrangstellung eingenommen.

Die einstigen Talismane bestanden aus verschiedenen Heilkräutern wie Rosmarin, Zitronenmelisse, Gartenraute, Majoran, Ysop und nur wenigen Blumen, entweder Rosen, Lavendel oder Goldlack. Bis in das Viktorianische Zeitalter hinein wurden die beigefügten Blumen häufig nach der Bedeutung ausgewählt, die jeder Sorte zugeschrieben wurde; die Rose stand lange Zeit für »Liebe«. Biedermeiersträuße haben aber neben den traditionellen noch viele andere Verwendungszwecke. So eignen sie sich auch als Tischdekoration, Geschenkverzierung und Haar-, Hut- oder Kleiderschmuck. Sie sind auch häufig Bestandteil von Kränzen und Girlanden.

Biedermeiersträuße werden in der Hand gebunden, indem man Blume um Blume hinzufügt. Dabei kann man in strenger Ordnung eine zentrale Blüte mit Ringen gleicher Blumen umgeben oder einfach eine zufällige Mischung aus verschiedenen Farben und Blütengrößen zusammenstellen. Bei Brautsträußen umwickelt man die Stiele im allgemeinen mit Draht, da sich die einzelnen Blumen so leichter plazieren lassen. Ein Sträußchen als Geschenk für einen Freund kann man auch einfach ohne Draht zusammenstecken und in einem passenden Gefäß überreichen.

Wer einen der hier abgebildeten Biedermeiersträuße oder auch ein Sträußchen nach eigenen Vorstellungen herstellen möchte, sollte zunächst alle Stiele in gleicher Länge abschneiden. Man beginnt mit einer großen Blüte oder einem kleinen Bündel Blumen in der Mitte und fügt rundherum Blüten und Blattwerk hinzu, wobei man den Strauß dreht, damit er schön gleichmäßig wird. Ein Biedermeierstrauß sollte nie so groß sein, daß er sich nicht mehr bequem mit einer Hand fassen läßt. Der Strauß kann rundherum mit hübschem Blattwerk verziert oder mit einer papierenen Spitzenmanschette eingefaßt werden, was ihm einen romantischen Touch gibt. Zum Schluß umwickelt man die Stengel noch mit Draht oder Blumenband und bindet eine Schleife darum.

Rosen und Rosenknospen sind wegen ihrer Reinheit und perfekten Form schon immer in Biedermeiersträußen verwendet worden. Hier wurden sie durch Anemonen und blassen, pfirsichfarbenen Strandflieder ergänzt.

Miniaturrosen in einem zarten Zitronengelb wurden hier mit Sterndolden, Lavendel und Schmucklilien kombiniert. Eine Schleife und Schleierwerk machen daraus den idealen Brautstrauß.

Ein Kranz aus Rosen

Rosen lassen sich vorzüglich mit allen Arten von Sommerblumen kombinieren. Besonders hinreißend sehen sie im Zusammenspiel mit einer lebhaften Farbpalette aus, denn so rufen sie Erinnerungen an die Blumengemälde und Porzellandekore des 18. Jahrhunderts wach.

Kränze und Girlanden sind nicht schwer herzustellen, wenn man das richtige Material für das Grundgerüst und eine große Auswahl an Blumen hat. Früher stellte man für einen runden Kranz zunächst eine Form aus Moos oder Stroh her, auf die dann die Blüten gesteckt und mit Draht fixiert wurden. Bei ständigem Feuchthalten und häufigem Besprühen mit Wasser hielt er sich mehrere Tage.

Da es heutzutage Steckmasse gibt, um Blumen frisch zu halten, ist ein Kranz etwas schneller fertig: Man steckt die kurzen Stiele einfach direkt in den feuchten Schaum. Im Handel gibt es vorgefertigte Schaumringe mit einem festen Plastikuntergrund als Basis für Blumenkränze, die man dann entweder an eine Tür oder an die Wand hängen oder auch auf einen Tisch legen kann.

Man kann aber auch aus den ebenfalls käuflichen flachen Schaumlagen jede beliebige Form ausschneiden und diese dann mit Blumen bedecken. Auf diese Weise erhält man zum Beispiel eine elegante ovale Form wie die hier abgebildete, die einem alten Blumengemälde nachempfunden wurde.

Aus einer Fülle von Sommerblumen und Rosen entsteht ein prächtiger ovaler Kranz. Für die Herstellung dieser Form braucht man feuchte Steckmasse und eine scharfe Schere. Die Blumen bleiben dann mehrere Tage frisch.

Ein sanft geschwungenes Schleifenband wird noch hinzugefügt, denn dies ist seit jeher ein wichtiges Accessoire bei Blumenkränzen. Es kann aus Satin oder aus Seide sein – jedenfalls sollte es mit den Blütenfarben harmonieren.

Leuchtendrosa Rosen kann man mit kleineren blaßrosa Knospen und vielen anderen altbekannten und bewährten Blumen zusammenstellen – mit Gartennelken und Ska-

biosen, Lilien und Kornblumen, Bartnelken und Mohnfruchtkapseln. Alle Blumen werden ungefähr auf die gleiche Länge geschnitten, so daß sich beim Stecken eine glatte Oberfläche ergibt. Der Schaum muß ganz bedeckt sein, besonders am unteren Innenrand. Am einfachsten ist es, sich systematisch Stück für Stück vorzuarbeiten, denn die Zusammenstellung sollte locker und spontan und nicht etwa symmetrisch wirken.

Ein üppiges blaß-grünes Band verleiht dem fertigen Kranz einen Hauch von Rokoko.

Girlanden aus Rosenknospen

Im Mittelalter waren Girlanden oder lange Blütenketten, deren Farbskala sich meistens auf Rot, Weiß und Grün beschränkte, ein beliebter Blumenschmuck. Wohlhabende Frauen verbrachten viele Stunden zusammen und wanden lange Gebinde zur Dekoration der Kirche an Feiertagen oder ihres Heims bei Festen und besonderen Anlässen. Heutzutage findet diese Form des Blumenschmucks gewöhnlich nur noch bei Hochzeiten oder als Weihnachtsschmuck Verwendung, doch lebt der Brauch in den Gänseblümchenketten fort, die Kinder im Sommer immer noch flechten. Lange Blumenkordeln sind auch wieder als Schmuck bei Hochzeiten in Mode gekommen, wo sie von den Brautjungfern getragen werden – eine hübsche Alternative zu Sträußchen und blumengefüllten Körben. Mit einem langen Rosengebinde läßt sich auch eine nackte Wand oder ein Geländer verzieren. Sollen die Rosen mit Hilfe von Draht befestigt werden, so eignet sich eine geflochtene Kordel als Unterlage, da sie sich leicht gewunden verlegen läßt. Eine Girlande aus Rosenknospen macht sich außerdem besonders hübsch als Tischranddekoration an einem Buffet, wo sie entweder ringsherum an der oberen Tischkante festgesteckt oder in Schleifen gerafft und mit kleinen Sträußen seitlich befestigt wird.

Girlanden sind von Natur aus kurzlebig, und ihre Schönheit soll gar nicht unbedingt länger währen als das Ereignis, zu dem sie gefertigt wurden. Manche Blumen halten sich ohne Wasser länger als andere, wobei Rosen über mehrere Stunden ihre Form bewahren. Die Blumen können mit Draht auf einem Stück weichem Seil oder einer Kordel befestigt oder auch direkt auf Draht gebunden werden.

Für die hier abgebildete Girlande wurden einzelne blaßrosa Rosenknospen abwechselnd mit kleinen Bündeln winziger Miniaturrosen auf einen Draht gebunden. Zierliche, auf das duftige weiße Tischtuch geheftete Sträußchen halten die Girlande. Wünscht man ein solideres Gebilde mit mehr Grün zwischen den Blüten, kann man die Rosenknospen auf einen Strang immergrünen Smilax *(Asparagus medeoloides)* binden. Er wird in langen Strängen verkauft und eigens für diese Zwecke an Spalieren gezüchtet.

Girlanden und Rosenkordeln wurden schon zur Zeit der Römer angefertigt. Hier ziert eine Kette aus blaßrosa Rosenknospen und zierlichen Sträußchen einen Tisch für eine sommerliche Stehparty mit kleinem Buffet.

Die Rosen und Rosenknospen der Teehybride ›Sylvia‹ sind wunderschön geformt und eignen sich hervorragend für zarte rosa Girlanden.

Rosenpotpourris

Im Elisabethanischen Zeitalter sammelte oder kaufte jeder gut geführte englische Haushalt im Sommer große Mengen an süß duftenden Rosenpetalen (Blütenblättern), um sie zu trocknen und auf diese Weise den Rest des Jahres noch etwas von ihnen zu haben. Die Blütenblätter. wurden gepudert und mit Fixativen und Gewürzen gemischt, und so entstanden herrlich duftende Mixturen, die man in kleine Säckchen oder Schalen füllte, um Wäsche und verwahrter Kleidung einen frischen Duft zu geben oder die Luft in einem schlecht gelüfteten Raum zu parfümieren.

Im 18. Jahrhundert stellte man dann richtige Potpourris her, die zur Aufbewahrung in kleinen geschlossenen Gefäßen gedacht waren. Das Potpourrigefäß wurde bei Bedarf am offenen Feuer erwärmt und der Deckel anschließend gelüftet, um das Zimmer mit einem frischen, würzigen Blütenduft zu erfüllen. Von allen Blumen war die Rose der wichtigste Bestandteil der Potpourris, da sie ihren Duft lange konservierte und darüber hinaus überall und in großen Mengen zu finden war. Andere Blumen, die ebenfalls häufig Verwendung fanden, waren Lavendel, Gartennelken, Jasmin und Veilchen.

Feuchte Potpourris

Die nach der ursprünglichen Methode zusammengestellten Potpourris waren feucht. Dazu wurden halbgetrocknete Petalen und Blätter zunächst mit Salz beschichtet und dann mit weiteren Kräutern, Gewürzen und Fixativen gemischt. Unverzichtbare Ingredienzen waren Rosenpetalen, grobkörniges, nichtjodiertes Salz und ein Fixativ. Wenn die Zusammenstellung eines feuchten Potpourris auch einen ganzen Sommer dauern mag, so ist das Ergebnis doch langlebiger und unverfälschter als gekauftes Potpourri, das gewöhnlich nur mit ätherischen Ölen

Die wesentlichen Bestandteile eines traditionellen, feuchten Potpourris sind halbgetrocknete Rosenpetalen und grobkörniges Salz. ›Rosa Mundi‹ und Rosa gallica ›Officinalis‹ duften intensiv und eignen sich daher besonders gut für Potpourris.

und ein wenig Fixativ parfümiert ist. Rosenöl kann hinzugesetzt werden, um den natürlichen Duft der Rose zu verstärken beziehungsweise ihn neu zu beleben, wenn er langsam nachläßt.

Zum Antrocknen werden die Rosenpetalen auf einem Tablett oder einem mit einem feinmaschigen Material bespannten Rahmen ausgebreitet und in einem warmen Schrank oder auf dem Dachboden stehengelassen, bis sie lederartig sind. Stellt man sie nach draußen in die Sonne, besteht die Gefahr, daß sie weggeweht werden. Ein feuchtes Potpourri duftet wundervoll, hat aber nicht unbedingt eine schöne Farbe. Es sollte deshalb mit getrockneten Blüten oder ganzen Gewürzen dekoriert werden, damit es, falls man es in offene Schalen gibt, auch hübsch anzusehen ist. Es können aber auch noch eine ganze Reihe anderer Gefäße verwendet werden, um die Beschaffenheit und die Farben eines Potpourris zur Geltung zu brin-

An einem trockenen Tag gesammelte frische Rosenpetalen werden zum Trocknen auf einem bespannten Rahmen ausgebreitet. Originell ist es, für eine Sommerhochzeit Körbe voller Rosenpetalen zu sammeln, die dann von den Gästen als natürliches Konfetti über das Brautpaar geworfen werden.

Die meist triste Farbe von feuchten Potpourris kann mit Hilfe von leuchtenden Trokkenblüten belebt werden.

Ein Potpourri aus rosa und roten Rosenknospen und den Blütenblättern von Kornblumen und Rittersporn. Die Menge sollte der Schale angepaßt sein, und die Farben des Gefäßes sollten die des Potpourris unterstreichen.

gen: tönerne Schalen, Keramik- oder Porzellanschüsselchen, ja sogar alte Blech- oder Holzdosen. Körbe wirken als Behälter besonders reizvoll, aber sie müssen eventuell vorher mit Stoff ausgeschlagen werden, damit das Potpourri nicht durchrieselt. Zur Verschönerung dienen ganze getrocknete Blütenköpfe, die man in den Korbrand steckt. Auf Seite 66 ist ein Rezept für ein feuchtes Potpourri angegeben.

Trockene Potpourris

Heutzutage werden überwiegend trockene Potpourris hergestellt. Dafür müssen die Blütenblätter vollständig getrocknet und mit anderen getrockneten Blättern und Blüten gemischt werden. Hinzu kommen sowohl zerstoßene als auch ganze Gewürze und ein Fixativ zur Konservierung des Duftes. Dem trockenen Potpourri muß ein ätherisches Blütenöl zur Intensivierung des Duftes zugesetzt werden, der ohne den Zusatz schwächer bleibt als bei einem feuchten Potpourri. Trockene Potpourris haben den Vorteil, daß sie ihre Farbe bewahren und dementsprechend sehr hübsch in offenen Gefäßen anzusehen sind.

Das Schöne an der Herstellung eigener Potpourris ist, daß man dabei beliebig mit Farben und Düften experimentieren kann. So kann man ein gutes Grundrezept auf eigene Wünsche und Materialien abstimmen. Das folgende Rezept ergibt ein Potpourri in dunklen Rot- und Rosatönen. Wer es durch ein wenig Grün etwas kontrastreicher machen möchte, fügt entweder getrocknete Eisenkrautblätter oder getrocknete und zerbröckelte Lorbeerblätter hinzu. Läßt der Duft nach einer Weile nach, so genügt es, ihn mit ein paar weiteren Tropfen Rosenöl aufzufrischen.

4 Tassen getrocknete Rosenpetalen, vorzugsweise rot oder dunkelrosa, da diese in der Regel am stärksten duften
1 Tasse rosa oder rote, getrocknete ganze Rosenknospen
1 Tasse getrocknete Lavendelblüten
1/2 Tasse gemahlene Veilchenwurzel
1 Eßlöffel gemahlenes Piment
1 Eßlöffel gemahlener Zimt
1 Eßlöffel gemahlener Muskat
1/2 Eßlöffel gemahlene Gewürznelken
mehrere Tropfen Rosenöl

Bei dem hier benutzten Fixativ, nämlich Veilchenwurzel, handelt es sich um die getrocknete, gemahlene Wurzel der *Iris florentina,* die in Naturkostläden und Apotheken

Es ist ratsam, Rosenblätter nach Farben getrennt zu trocknen und aufzubewahren. Auf diese Weise lassen sich später unter Hinzufügung anderer Zutaten und Gewürze ganz individuelle Potpourris kreieren.

erhältlich ist. Ein anderes bekanntes Fixativ ist Benzoeharz. Alle trockenen Zutaten in eine große Schüssel geben und mit den Fingern gut durchmischen. Vorsichtig so viele Tropfen ätherisches Öl hinzufügen, bis der Duft stark genug ist. Die Mixtur in eine Papiertüte schütten, diese verschließen und sechs Wochen lang an einem kühlen, dunklen Ort ruhenlassen, um das Potpourri haltbar zu machen, nur gelegentlich schütteln.

Danach in flache Körbe oder Schalen geben und die Oberfläche mit großen, getrockneten Rosenblüten oder kleinen Bündeln ganzer Zimtstangen verzieren.

Ein duftendes feuchtes Potpourri

Sorgfältig zubereitete Potpourris sollen ihren Duft angeblich über sehr viele Jahre bewahren. Wer einen Garten besitzt und Rosen kultiviert, kann sein Potpourri im Laufe mehrerer Wochen zusammenstellen, indem er entsprechend den Blütezeiten der einzelnen Rosen nach und nach frische Petalen zugibt. Das Endprodukt wird von der Grundfarbe her braun und nicht sehr ansehnlich sein, aber der Duft ist einzigartig. Man bewahrt es entweder in geschlossenen Dosen oder Körben auf, die nur gelegentlich geöffnet werden, oder füllt es in ein durchlöchertes Gefäß. Man kann es auch auf einem Teller oder in einem Korb ausbreiten und die Oberfläche mit hübscheren Trockenblüten, gedrehten Zitronenschalen oder ganzen Duftkugeln dekorieren.

Das nachfolgende Potpourri ist ausschließlich aus Rosen hergestellt. Andere duftende Blüten können zusammen mit den Gewürzen hinzugefügt werden, in diesem Falle jedoch sollten die Blumen vorher vollständig getrocknet werden. Ausschließlich grobkörniges, nichtjodiertes Salz verwenden.

10 Tassen halbgetrocknete Rosenpetalen
circa 3 Tassen grobkörniges Salz
2 Eßlöffel gemahlener Zimt
2 Eßlöffel gemahlenes Piment
2 Eßlöffel gemahlener Muskat
1 Eßlöffel gemahlene Gewürznelken
5 Eßlöffel gemahlene Veilchenwurzel
einige Tropfen Rosenöl

Stark duftende, vorzugsweise rote Rosenpetalen läßt man antrocknen, bis sie lederartig sind, und schichtet sie dann abwechselnd mit Salz in einer großen Schüssel. Jeden Tag andrücken und mischen, so daß jegliche Feuchtigkeit verdunstet. Nach drei bis sechs Wochen die Mixtur zerbröseln, Gewürze und Rosenöl hinzufügen. In Papiertüten verschließen und vor Gebrauch etwa sechs Wochen ruhenlassen.

Dieses feuchte Potpourri eignet sich besonders gut zur sanften Parfümierung eines Schlafzimmers. Da es optisch nicht besonders reizvoll ist, verschönert man es mit ein paar obenauf gelegten getrockneten ganzen Rosenblüten.

Rosenduftsäckchen

Duftsäckchen sind eine entzückende, an frühere Zeiten erinnernde Idee und heute noch genauso beliebt wie früher. Kleine Säckchen aus Musselin oder einem anderen Stoff werden mit süß duftendem Potpourri gefüllt und zwischen Hemden, Unterwäsche, Laken, Handtücher und Decken oder ausgeräumte Sommer- oder Winterkleidung geschoben. Am schnellsten und einfachsten lassen sich Säckchen fertigen, die nicht genäht werden müssen. Dazu verwendet man aus dünnem Baumwollstoff oder Batist ausgeschnittene Quadrate oder Kreise oder auch fertige Taschentücher. Man gibt einfach einen Löffel Potpourri auf die Mitte des Stoffes, nimmt die Zipfel und bindet sie mit einem Stück Kordel oder Schleifenband zusammen. Wattiert man das Säckchen von innen, so erscheint es weicher und fülliger.

Die Potpourrimischung für ein Kissen oder Säckchen sollte nicht zu viele gemahlene Gewürze enthalten, da das feine Pulver sonst herausrieselt. Am besten eignen sich zerstoßene Gewürze. Auf gemahlene Veilchenwurzel als Fixativ kann allerdings nicht verzichtet werden.

Wer Spaß am Nähen hat, kann je nach Verwendungszweck unterschiedliche Formen für die Duftkissen entwerfen. Kleine

Säckchen sind praktisch, da man sie an Kleiderbügel hängen kann, während sich kleine, flache Kissen leicht zwischen Lagen feiner Wäsche in einer Schublade schieben lassen. Je nachdem, was der Garten bietet, kann man sich eigene Rezepte ausdenken. Das nachfolgende Grundrezept für ein Rosenpotpourri ist süß, zart und vielfältig verwendbar.

1 Tasse süß duftende, getrocknete Rosenblätter
$^1/_2$ Tasse Lavendelblüten
$^1/_2$ Tasse zerstoßene Eisenkrautblätter
$^1/_2$ Tasse zerstoßener Rosmarin
2 zerstoßene Zimtstangen
$^1/_4$ Tasse gemahlene Veilchenwurzel
einige Tropfen Rosenöl

Alle trockenen Zutaten in einer großen Schüssel mischen. So viele Tropfen Rosenöl hinzufügen, bis die gewünschte Duftintensität erreicht ist. Die Mixtur in eine Papiertüte schütten, diese verschließen und zwei Wochen an einem dunklen, kühlen Ort ruhen lassen, bevor sie in Kissen und Säckchen gefüllt wird. Eventuelle Reste in einen mit Stoff ausgeschlagenen Korb füllen und diesen als Duftspender im Schlaf- oder Kinderzimmer oder auch im Kleiderschrank aufstellen.

Kosmetika aus Rosen –
ein Hauch von Luxus

Rosenblütenwasser entfaltet auf der Haut seinen zarten Duft und hat eine milde, erfrischende Wirkung. Der Sommer bietet sich an, um den Duft der Rosen in einem Rosenwasser einzufangen, das man das ganze Jahr über benutzen kann.

Die Rose hat eine lange Tradition als Schönheitsmittel für Haut und Haar. Aufgrund ihres unwiderstehlichen Duftes wird sie gerne bei der Parfümierung von Kosmetika aller Art, vom Shampoo bis zur Handcreme, verwendet. Früher wurden neben Kleidung, Haar und Wäsche auch ankommende Gäste an der Türschwelle mit Rosenwasser besprenkelt. Davon wird man heutzutage sicherlich Abstand nehmen, aber als mildes, erfrischendes Gesichtswasser oder angenehmer Badezusatz wird selbstgemachtes Rosenwasser immer noch geschätzt.

Rosenblütenwasser

Fünf Tassen frische Rosenpetalen in eine große Schüssel geben und kochendes Wasser (am besten Quellwasser) darübergießen. Wodka oder, falls erhältlich, reinen Alkohol im Verhältnis ein Teil Alkohol auf zehn Teile Wasser hinzufügen. Ziehen lassen, bis es erkaltet ist, und in sterilisierte Flaschen abseihen. Vor dem Verkorken der Flaschen ein oder zwei frische Rosenpetalen hinzugeben.

Rosenhandcreme

Diese Lotion pflegt Hände und Füße und macht trockene Haut wieder geschmeidig.

2 Eßlöffel frische Rosenpetalen
4 Eßlöffel Mandelöl
8 Eßlöffel Lanolin
4 Eßlöffel Glyzerin
mehrere Tropfen Rosenöl

Rosenpetalen mit ein wenig kochendem Wasser übergießen und abkühlen lassen. Mandelöl, Lanolin und Glyzerin im Wasserbad behutsam zum Schmelzen bringen. Das Ganze zusammen mit dem Rosenöl und den gut abgetrockneten Rosenpetalen in einen Mixer geben und so lange mixen, bis alles gut gemischt und die Blütenblätter in der Mischung gleichmäßig verteilt sind.

Kräuterbadsäckchen

Rosen als Badezusatz verwendet man am besten in Form von kleinen Säckchen, die mit getrockneten Blüten und Kräutern gefüllt sind. Sie werden in das heiße Wasser geworfen oder an den Wasserhahn unter das einlaufende Badewasser gebunden. Für die Kissen eignet sich Musselin oder indischer Baumwollstoff. Dem Potpourri fügt man Hafermehl oder Milchpulver bei, um das Badewasser, in dem die Blüten ihren Duft und ihre belebenden Kräfte entfalten, weicher zu machen. Rosen sind ideal als Zutat für Kräuterbadsäckchen, die mit ein wenig Lavendel oder Rosmarin noch würziger und kräftiger werden.

Eine gehaltvolle Feuchtigkeitscreme läßt sich ohne viel Mühe aus natürlichen Grundstoffen herstellen. Rosen verwendet man hierbei wegen ihres Duftes und ihrer beruhigenden Wirkung. In kleine Glastöpfchen abfüllen und regelmäßig anwenden.

*Ein mit Rosen par-
fümiertes Bad hat
einen Hauch von
Luxus und wirkt
entspannend. Ro-
sen verwendet
man schon seit
Jahrhunderten bei
der Herstellung
von Schönheitsmit-
teln, und man
greift auch heute
noch gern auf sie
zurück.*

Duftendes Badeöl

Badeöl und Badeschaum tragen dazu bei, ein
wohltuendes Bad noch angenehmer zu gestalten. Der Handel bietet eine breite Auswahl an Ölen an, manche sind aber leider
von einer recht enttäuschenden Qualität.
Viele von ihnen trocknen die Haut eher aus,
als daß sie pflegend wirken.

Zur Herstellung eines Badeöls drei Teile
Glyzerin mit einem Teil Rosenöl mischen
und in einen Krug abfüllen. Für ein Bad etwa
einen Teelöffel voll herausnehmen und dem
einfließenden heißen Badewasser zugeben.
Das Bad kann zehn Minuten oder auch
länger dauern; nach dem Abtrocknen den
Körper mit Rosenwasser bespritzen (siehe
Seite 70).

Gesichtswasser aus Rosenblüten

Entspannende Wirkung hat auch ein Rosen-
dampfbad für das Gesicht. Es erfrischt und
belebt müde Haut, darf aber nicht zu heiß
sein. Man gießt kochendes Wasser in eine
große Schüssel, wirft ein oder zwei Handvoll
frische Rosenpetalen hinein und fügt ein
paar Tropfen Rosenöl, am besten von Teerosen, hinzu. Gesicht über die Schüssel halten
und über den Kopf ein Handtuch breiten,
damit der Dampf nicht so schnell entweicht.
Das Dampfbad sollte ungefähr zehn Minuten
dauern, kann aber beliebig ausgedehnt werden. Man kann noch andere Blüten hinzufügen oder Kräuter untermischen. Zur Abküh-
lung die Haut anschließend sanft mit
Rosenwasser benetzen.

*Durch den
Schmutz der Stadt
und die Verunrei-
nigungen der Luft
stark strapazierte
Haut wird mit
einem Gesichts-
dampfbad schnell
wieder belebt.
Schon nach zehn
Minuten ist die
Haut weich und
gereinigt, und man
fühlt sich wunder-
bar erfrischt*

Rezepte für die Speisekammer

Rosen sind seit Jahrhunderten eine beliebte kulinarische Zutat. Sie galten nicht nur als Heilmittel, sondern wurden auch immer wegen ihres Geschmacks und ihres Duftes, den sie Speisen verleihen, geschätzt.

Man sammelte die Früchte der Wildrosen, um daraus Konfitüre, Wein und Sirup herzustellen. Unsere Vorfahren verfügten so, ohne es zu wissen, über eine der reichsten Vitamin-C-Quellen. Viele Sorten der Gartenrosen tragen Hagebutten, die sich in der Küche verwenden lassen, wie zum Beispiel die Kartoffelrose, *Rosa rugosa*. Sie bringt große, dickfleischige Hagebutten hervor, die sich leicht verarbeiten lassen. Die Kerne müssen grundsätzlich aus den Hagebutten entfernt werden, da sie ungenießbar sind; sie schmecken scharf und kitzeln am Gaumen.

Die Produkte der folgenden Rezepte können lange Zeit in der Speisekammer oder im Küchenschrank aufbewahrt werden.

Rosensirup aus Hagebutten

Dies ist ein wundervolles, altes Rezept, das es wert ist, wiederentdeckt zu werden. Ein wenig Sirup über Desserts und Eisbecher gegossen oder unter Getränke und Fruchtbecher gemischt verleiht ihnen Farbe und einen interessanten süß-sauren Geschmack.

1 Pfund (2¹/₂ Tassen) reife Hagebutten
1 Liter (ca. 4 Tassen) Wasser
1 Pfund (2¹/₂ Tassen) Kristallzucker

Reife Hagebutten pflücken, Kerne entfernen, die Hagebutten zerstampfen und in kochendes Wasser geben. Aufkochen und 20 Minuten bei schwacher Hitze köcheln lassen. Die Flüssigkeit durch ein Musselintuch seihen und den abgeseihten Saft wieder in den Topf gießen. Zucker hinzugeben und so lange behutsam erwärmen, bis er sich vollständig aufgelöst hat. Die Masse vom Feuer nehmen und in heiße, saubere Flaschen oder Gläser gießen. Im Kühlschrank aufbewahren.

Soll der Sirup längere Zeit gelagert wer-

den, müssen die Flaschen sterilisiert werden. Die Flaschen auf einen Dreifuß und bis zum Hals in einen mit Wasser gefüllten tiefen Topf stellen. Darauf achten, daß sie einander nicht berühren. Flaschendeckel anbinden oder locker aufsetzen und 20 Minuten bei circa 90 Grad kochen lassen. Nach dem Sterilisierungsvorgang die Deckel fest zudrehen und abkühlen lassen.

Herbstliches Hagebutten-Chutney

Ein anderes köstliches Rezept mit Hagebutten ist ein pikantes Chutney, passend zu kaltem Aufschnitt, Käse oder indischen Gerichten. Die Hagebutten sammeln, wenn sie vollends reif sind und langsam weich werden. Aufschneiden und Kerne entfernen.

Für etwa 3 Pfund Chutney:

225 g (2 Tassen) kleingeschnittene Zucchini
2 Eßlöffel Salz
225 g (2 Tassen) entkernte Hagebutten
225 g (2 Tassen) geschälte, kleingeschnittene Äpfel
225 g (2 Tassen) reife, abgezogene, kleingeschnittene Tomaten
225 g (2 Tassen) geschälte und gehackte Zwiebeln
115 g (1 Tasse) Sultaninen (helle Rosinen)
4 zerdrückte Knoblauchzehen
1 Pfund (3 Tassen) brauner Zucker
gut ¹/₃ Liter (2 Tassen) Weinessig
1 Teelöffel gemahlener Zimt
1 Teelöffel gemahlenes Piment
¹/₂ Teelöffel Cayennepfeffer

Die Zucchini in kleine Stücke schneiden und mit Salz bestreuen. Eine Stunde zum Entwässern liegenlassen. Mit Wasser abspülen, abtrocknen und mit den übrigen Zutaten in einen großen Topf geben. Unter ständigem Rühren behutsam erhitzen, bis sich der Zucker aufgelöst hat. Auf kleiner Flamme kochen lassen, bis das Chutney marmeladenartig eindickt. In heiße, sterilisierte Gläser abfüllen und fest verschließen. Vor dem Verzehr einige Wochen durchziehen lassen.

Eine reiche Ernte aus Herbstfrüchten und Hagebutten: Sirup, Chutney und Marmelade. Hagebutten haben einen hohen Vitamin-C-Gehalt und einen frischen, säuerlichen Geschmack.

Süße Gaumenfreuden

Rosenpetalen verleihen allen Arten von süßen Köstlichkeiten einen herrlichen Duft und einen wunderbaren Geschmack. Einige Rezepte für Marmelade und Gelee, Sirup und süße Leckerbissen mit Rosenblütenblättern stammen noch aus dem Elisabethanischen Zeitalter, passen aber größtenteils auch zu den heutigen Essensgewohnheiten.

Für Rezepte mit Rosenwasser sollte man möglichst destilliertes Rosenwasser – erhältlich in Apotheken – verwenden. Es eignet sich aufgrund seines intensiven Geschmacks besonders gut für Speisen und ist außerdem frei von Zusätzen.

Sorbet aus Rosenpetalen

Eine leichte Mahlzeit an einem warmen Sommertag: ein Sorbet aus Rosenpetalen, das den Gaumen angenehm kühlt und erfrischt.

Für sechs Personen:

115 g (³/₄ Tasse) Puderzucker
gut ¹/₃ Liter (2 Tassen) Wasser
Schale und Saft von zwei gut abgewaschenen unbehandelten Zitronen
circa 1¹/₂ Tassen duftende Rosenpetalen
2 Teelöffel Rosenwasser
1 Eiweiß

In einem Topf den Puderzucker im Wasser auflösen. Zitronenschale hinzugeben. Zum Kochen bringen und sechs Minuten bei geringer Hitze köcheln lassen. Von der Kochstelle nehmen, Rosenpetalen hinzufügen und abkühlen lassen. Den Sirup abseihen und Zitronensaft unterrühren. Je nach Geschmack mit Rosenwasser abschmecken. Das Ganze in einem geschlossenen Plastikbehälter ins Eisfach stellen, bis es halb gefroren ist. Dann das steifgeschlagene Eiweiß unterheben. Wieder ins Eisfach stellen, bis die Masse ganz gefroren ist. Vor dem Servieren in kaltgestellten Gläsern leicht antauen lassen.

Lockeres, duftendes Sorbet aus Rosenpetalen in zarten Dessertschalen bildet den krönenden Abschluß eines jeden Sommermahls. Jede Schale wird mit einem Storchschnabelblatt dekoriert, und knusprige Mandelmakronen werden dazu gereicht.

Rosenkuchen im Hochsommer

Im Hochsommer sollte man sich den Genuß eines rauschenden Festes inmitten von Rosenblüten gönnen. Aus einer Sandtorte wird die Mitte herausgeschnitten und mit frischen Erdbeeren, Marmelade aus Rosenpetalen (siehe Seite 78) und geschlagener Sahne gefüllt. Den ganzen Kuchen auch außen mit Schlagsahne bestreichen und mit gerösteten Mandelblättchen oder Kokosflokken bestreuen. Einige rosa Blüten einer einfachen Wild- oder Weinrose dienen zur Dekoration.

Dekorationen mit Rosenblättern

Um im Winter einen Vorrat für die Dekoration von Kuchen und Desserts zu haben, kandiert man während der Rosensaison einige Rosenblätter. Dazu pulverisiertes Gummiarabikum in Rosenwasser auflösen und jedes Blütenblatt damit bestreichen. An-

schließend alle Blütenblätter in Puderzucker wenden und an einem warmen Ort auf einem Rost oder Drahtgeflecht zum Trocknen und Härten ausbreiten. In einem luftdichten Gefäß aufbewahren.

Für ein Geburtstagsfest im Hochsommer ist eine prachtvolle Torte mit viel Sahne, Erdbeeren, Kerzen und Rosen genau das Richtige. Der Tisch ist mit Rosenzweigen geschmückt – der Festschmaus kann beginnen.

Nachmittagstee mit Rosen

Rosen zum Essen, Trinken und Bewundern. Mit ein wenig Marmelade aus Rosenpetalen wird aus einfachen Milchbrötchen ein besonderer Leckerbissen. Rosentee ist ein erfrischendes Getränk, das hervorragend zu einem solch außergewöhnlichen Blüten- und Früchteschmaus paßt.

Der Brauch des nachmittäglichen Teetrinkens ist der beste Anlaß für die Herstellung von Leckereien und eine wundervolle Gelegenheit für die Verwendung von Rosen. Diese können nicht nur als Zutat für Marmeladen, Torten und selbstverständlich auch für den Tee selbst verwendet werden, sie eignen sich auch als elegante Tischdekoration.

Marmelade aus Rosenblüten

Marmelade aus Blütenblättern der Rose ist oft unangenehm süß. Deshalb empfiehlt es sich, zunächst eine eher sauer schmeckende Grundsubstanz aus Äpfeln oder roten Johannisbeeren herzustellen und diese dann mit Rosenpetalen zu würzen. Oder man kombiniert Rosenpetalen mit anderen Sommerfrüchten, etwa in einer Marmelade aus Erdbeeren oder in Eingemachtem aus roten Johannisbeeren und Nektarinen.

Rosentee

Für den eigenen Tee mit Rosenaroma nimmt man einige stark duftende, getrocknete Rosenpetalen, die einfach unter einen hochwertigen, großblättrigen Tee, wie zum Beispiel China-Keemun, gemischt werden. Das Mengenverhältnis ist Geschmackssache, aber mit zwei Eßlöffeln getrockneten Rosenpetalen auf 100 Gramm (3 1/2 Tassen) Tee kann man zunächst beginnen. Die Mischung wird in einer luftdichten Dose aufbewahrt; die Zubereitung erfolgt wie üblich. Serviert wird der Tee ohne Milch und ohne Zitrone.

Rosenzucker

Mit duftenden Rosenpetalen läßt sich auch Zucker aromatisieren. Vier Eßlöffel getrocknete Blütenblätter unter ein Pfund (2 1/2 Tassen) Puderzucker geben und die Mischung in einem Glas mit rauhem, gläsernem Pfropfen aufbewahren. Der Zucker läßt sich zum Süßen von Vanillecreme, Sahnepudding, Kuchen und Naturjoghurt verwenden.

Verzeichnis der schönsten Rosen

Die Vielfalt der Rosen ist groß und oft verwirrend, ihre Klassifikation uneinheitlich und für die Laien unter den Rosenliebhabern manchmal schwer verständlich. Die meisten Rosen werden nach ihrer Abstammung eingeordnet, einige aber auch nach ihrer Wuchsform, wie etwa Kletterrosen, mit denen man Wände und Spaliere begrünt. Dies bedeutet, daß sich manche Rosen nicht eindeutig klassifizieren lassen. Die alte Sorte ›Madame Plantier‹ beispielsweise wird von den Anhängern der Alba- wie auch Noisette-Rosen beansprucht und kann als Strauch in einer Rabatte oder als Kletterrose wachsen. Die ersten Miniaturrosen wiederum waren Abkömmlinge der Chinesischen Rose und wurden oft als *Rosa chinensis minima* geführt, heute handelt es sich bei ihnen hingegen um komplizierte Züchtungen, zu deren Eltern Teehybriden, Floribunda-Rosen und Polyantha-Rosen gehören.

Die Klassifikation von Rosen ist daher in mancher Hinsicht mehr eine Kunst und Ermessensfrage als eine Wissenschaft. Andererseits besteht die Notwendigkeit einer allgemeingültigen Einordnung, da sonst bald ein großes Durcheinander herrschen würde. Außerdem hat es auch einen gewissen Reiz, den Klassen allgemeine Eigenschaften zuzuordnen und eventuelle Abweichungen hervorzuheben.

Teehybriden, die für viele Rosenliebhaber der Inbegriff der Perfektion sind, werden heute oft als »Edelrosen« bezeichnet, und Floribunda-Rosen nennt man auch »vielblütige Beetrosen«. Diese neue Klassifikation erlaubt es, Teehybriden und Floribunda-Rosen nach Aussehen und Art ihrer Blüte einzuordnen anstatt nach ihrer Herkunft, was bei zunehmender Vermischung der Elternsorten praktisch nicht mehr möglich ist. Und für Hobbygärtner ist das Aussehen einer Rose ohnehin wichtiger als ihre Abstammung, so interessant diese für Rosenliebhaber auch sein mag. Kletterrosen spielen in der Gartengestaltung eine wichtige Rolle, und gewöhnlich hat zumindest ein Exemplar Platz. Wo keine Wand vorhanden ist, bieten Pfeiler, Pergolen und Spaliere eine schöne Alternative. Oder man läßt eine Rose an einem Baum emporklettern und auf diese Weise aufregende Farbkombinationen entstehen. Wo wirklich kein Platz für Kletterrosen ist, können immer noch Miniaturrosen in Kübeln, Blumenkästen oder Beeten neben der Terrasse wachsen.

Rosen mit einem reichen historischen Erbe sind die Wildarten sowie »alte« Rosen und moderne Strauchrosen, von denen hier besonders schöne Vertreter vorgestellt werden. Viele von ihnen tragen leuchtend gefärbte Blüten, dekorative Blätter und auch farbenfrohe Hagebutten.

Bei allen Rosen wurde ihre Höhe, bei einigen auch die Breite angegeben. Da jedoch Klima, Bodenfruchtbarkeit und in manchen Fällen der Schnitt Einfluß auf die Entwicklung einer Pflanze haben, können diese Angaben nur eine allgemeine Orientierungshilfe darstellen.

Jedes Jahr werden weltweit eine große Zahl neuer Rosensorten eingeführt, und teilweise erklärt sich daraus auch, warum einige Rosen mehrere Namen haben. Aus Platzgründen kann hier leider nur ein kleiner Teil der vielen neuen, aufregenden Rosen vorgestellt werden. Neben ihnen enthält dieses Verzeichnis auch noch zahlreiche altbekannte Arten, die sich großer Beliebtheit erfreuen.

Teehybriden

Die Teehybriden werden heute vielfach auch als »Edelrosen« oder »großblütige Rosen« bezeichnet. Viele Rosenliebhaber betrachten sie als die exquisitesten aller Rosen, sozusagen als die crème de la crème *der Rosenwelt. Vom Hochsommer bis zu den ersten Frösten im Herbst entwickeln sie immer wieder große, prächtige Blüten, doch es hängt sehr vom herrschenden Klima ab, wann sich die ersten Knospen öffnen.*

Die Farbskala der Teehybriden ist verblüffend breit, und viele sind berühmt für ihren herrlichen Duft, während sich andere ideal zum Schnitt und für Arrangements eignen.

›Alec's Red‹

›Alexander‹

›Bettina‹

›Alec's Red‹

Höhe: 90–100 cm
Breite: 90 cm

Diese 1972 eingeführte Sorte gilt als die schönste rotblühende Rose. Sie entstand aus einer Kreuzung von ›Duftwolke‹ und ›Dame de Cœur‹ und hat viele Auszeichnungen erhalten. Weitere Elternsorten sind ›Gloria Dei‹ und ›Independence‹.

Die großen, kugeligen, dichtgefüllten Blüten sind kirschrot und duften intensiv. Sie haben kräftige Stiele, bewahren auch im Verblühen die Farbe und sind regenfest. Die Pflanzen haben einen robusten, aufrechten Wuchs und schönes dunkles, glänzendes Laub, das wenig krankheitsanfällig ist.

›Alexander‹

Höhe: 120 cm
Breite: 90–100 cm

1975 eingeführter Abkömmling von ›Ann Elizabeth‹, ›Allgold‹ und ›Super Star‹. Die hohe, aufrecht wachsende, wuchsfreudige Pflanze blüht üppig. Die mittelgroßen Blüten sind leuchtend orange- bis zinnoberrot, duften aber nur schwach. Das dunkelgrüne, mattglänzende Laub ist resistent gegen Krankheiten. Die Rose ist ideal für Hecken und große Rosenbeete und aufgrund der langen Stiele auch als Schnittblume geeignet.

›Bettina‹

Höhe: 75–90 cm
Breite: 75–90 cm

Diese Teehybride wurde in Frankreich aus ›Gloria Dei‹ und einem Abkömmling von ›Madame Joseph Perraud‹ gezüchtet und 1953 eingeführt. Ihre orangegoldenen Blütenblätter sind stark geädert und weisen einen lachsfarbenen und roten Hauch auf. Sie duften schwach und stehen an kräftigen, verzweigten Pflanzen mit bronzefarbenen getönten, glänzenden Blättern. Die Sorte ist regenfest, sollte aber nicht feucht stehen, da sie sonst leicht unter Sternrußtau leidet. Sie ist hervorragend für den Schnitt geeignet.

›Big Chief‹

›Blessings‹

›Mainzer Fastnacht‹

›Big Chief‹

Höhe: 100–120 cm
Breite: 90 cm

Durch Kreuzung von ›Ernest H. Morse‹ und ›Red Planet‹ entstandene Sorte, die unter Rosenfreunden sehr beliebt ist. Sie wurde 1975 eingeführt und wird mitunter auch ›Portland Trailblazer‹ genannt. Die prallgefüllten, dunkelkarminroten Blüten stehen zwischen großen, mattdunkelgrünen Blättern.

›Blessings‹

Höhe: 90 cm
Breite: 90 cm

Diese reichblühende Kreuzung zwischen ›Queen Elizabeth‹ und einem namenlosen Sämling wurde 1968 eingeführt. Die aufrecht wachsende Pflanze hat mittelgroße bis große Blüten, die lachsrosa sind und zur Mitte hin dunkler werden. Sie duften schwach. Das mittelgrüne, glänzende Laub wird selten krank.

›Blue Moon‹
›Mainzer Fastnacht‹

Höhe: 90 cm
Breite: 90 cm

1964 aus einem namenlosen Sämling und ›Sterling Silver‹ entstandene Sorte mit silbrigfliederfarbenen, dichtgefüllten Blüten, die zahlreich erscheinen und einen intensiven, zitronenartigen Duft haben. Zweifellos ist dies die schönste Rose in dieser Farbe. Das kräftige, mattglänzende Laub leidet unter Rost.

›Bobby Charlton‹

Höhe: 90–120 cm
Breite: 90–100 cm

Wunderschöne, große, tiefrosa Blüten mit hohen Mitten
und silbrigen Rückseiten
machen diese Rose zum Favo-
riten für Ausstellungen. Die
Blüten duften würzig, entwik-
keln sich mitunter aber nur
spärlich. Sie erscheinen zwischen dunkelgrünen, matt-
glänzenden Blättern und wirken im Garten ungemein
dekorativ.

In feuchten Gegenden ist
die Pflanze besonders krankheitsanfällig, und in sehr
kalten Wintermonaten
braucht sie etwas Schutz. Außerdem blüht sie etwas später
als die meisten anderen Sorten. In Nordamerika hat sie
zahlreiche Preise erhalten.

›Buccaneer‹

Höhe: 120 cm
Breite: 100–120 cm

1953 eingeführte Teehybride
mit den Eltern ›Golden Rap-
ture‹, ›Max Krause‹ und ›Captain Thomas‹. Die mittel-
großen, leuchtendgelben Blüten sind farbbeständig und
locker gefüllt. Sie stehen in
Büscheln an hohen, aufrechten Trieben zwischen mit-
telgrünem, glänzendem Laub.
Die Rose ist regenfest und
eignet sich sehr gut für Rabatten oder Blütenhecken.

›Chicago Peace‹

Höhe: 90–150 cm
Breite: 90 cm

Dieser Sport der Sorte ›Gloria
Dei‹ wurde 1962 eingeführt
und hat große, gefüllte Blüten
in orangefarbenen und

›Bobby Charlton‹

›Christian Dior‹

›Buccaneer‹

›Chicago Peace‹

›Chrysler Imperial‹

›Crimson Glory‹

›Double Delight‹

gelben Tönen mit einem starken rosa Hauch. Ihr Name verrät, daß sie in einem Garten in Chicago entstand. Die großen, glänzenden, dunkelgrünen Blätter stehen an hohen, verzweigten Trieben. Je stärker diese Rose zurückgeschnitten wird, um so kräftiger wächst sie. Man kann sie für Hecken verwenden, aber auch für Beete oder Ausstellungen.

›Christian Dior‹

Höhe: 120 cm
Breite: 100–120 cm

1959 eingeführte Kreuzung aus ›Gloria Dei‹ und ›Happiness‹ sowie ›Independence‹ und ›Happiness‹, die ziemlich hoch wird. Sie hat große, gefüllte, duftlose Blüten mit samtigen, scharlach- bis karminroten Petalen, die auf der Rückseite blasser sind. Die Blüten stehen an aufrechten Trieben. Das Laub ist im Austrieb rötlich, später mittelgrün und matt glänzend. Leider ist es anfällig für Mehltau.

›Chrysler Imperial‹

Höhe: 90 cm
Breite: 75–90 cm

Aus ›Charlotte Armstrong‹ und ›Mirandy‹ entstandene, 1952 eingeführte Rose mit stark duftenden, großen, tiefroten Blüten, die zum Verblauen neigen. Sie stehen an recht kräftigen, aufrechten Trieben mit dunkelgrünem, mattglänzendem Laub, das anfällig für Rost und Mehltau ist.

›Crimson Glory‹

Höhe: 90 cm
Breite: 75–90 cm

Bereits 1935 eingeführte Sorte aus einem Sämling von ›Catherine Kordes‹ und ›W.E. Chaplin‹ mit wohlriechenden, tiefsamtroten Blüten, die im Verblühen oft rostrot werden. Blühfreudige Rose mit stumpfgrünen Blättern, die im Austrieb rötlich sind; leider sind sie etwas anfällig für Mehltau. Bekannte Abkömmlinge dieser Rose sind ›Blaze Away‹, ›Frensham‹, ›Olympic Torch‹ und ›Madame Louis Laperrière‹.

›Double Delight‹

Höhe: 120 cm
Breite: 90–100 cm

Wunderschöne amerikanische Sorte aus dem Jahre 1976 mit stark duftenden, cremeweißen Blüten, deren äußere Petalen erdbeerrote Ränder haben. Da der Anteil an Weiß und Rot unterschiedlich ist, sieht jede Blüte anders aus. Die Blüten erscheinen in großer Zahl und halten lange. Das Laub ist mittelgrün und matt glänzend. Leider ist diese herrliche Rose anfällig für Mehltau.

›Duftwolke‹

(siehe ›Fragrant Cloud‹)

›Dutch Gold‹

Höhe: 90–120 cm
Breite: 75–90 cm

Diese Teehybride mit ihrem schönen, aufrechten Wuchs wurde 1978 aus ›Peer Gynt‹ und ›Whisky‹ gezüchtet. Die Blüten duften leicht, sind groß und wohlgeformt und haben eine tiefgoldgelbe Farbe, die nicht verblaßt. Sie entwickeln sich zahlreich zwischen mittelgrünen, glänzenden Blättern.

Die Sorte ist ideal für den Garten, aber auch für Ausstellungen und als Schnittblume geeignet.

›Ena Harkness‹

Höhe: 90–100 cm
Breite: 90 cm

1946 eingeführte und bewährte Kreuzung aus ›Southport‹ und ›Crimson Glory‹, die viele Jahre zu den beliebtesten rotblühenden Rosen gehört hat. Die wohlgeformten, karmin-scharlachroten Blüten sind groß und duften leicht. Leider neigen sie zum Umknicken, was aber viele Rosenfreunde nicht als Problem betrachten. Das Laub ist mittelgrün und matt glänzend.

›Ernest H. Morse‹

Höhe: 90–150 cm
Breite: 75–90 cm

Diese leuchtend gefärbte Rose hat seit ihrer Einführung 1965 nichts an Beliebtheit eingebüßt. Die gefüllten, türkischroten Blüten duften wunderbar und entwickeln sich während der Sommermonate üppig. Die dunkelgrünen, mattglänzen-

den Blätter stehen an kräftigen, geraden Trieben.

Eine Sorte, die gut für den Garten, für Ausstellungen und für Arrangements geeignet ist.

›Fragrant Cloud‹
›Duftwolke‹

Höhe: 90 cm
Breite: 75–90 cm

Auch unter den Namen ›Fragrant Cloud‹ und ›Nuage Parfume‹ bekannte, 1964 eingeführte Sorte, die von einem namenlosen Sämling und ›Prima Ballerina‹ abstammt. Sie duftet außergewöhnlich intensiv. Die großen, wohlgeformten Blüten sind korallenrot mit rauchgrauem Hauch. Das dichte, große Laub ist dunkelgrün und glänzt. Es steht an kraftvollen, aufrechten Trieben, muß möglicherweise aber gegen Sternrußtau gespritzt werden.

Obwohl der Ruhm dieser Rose etwas verblaßt ist, ist sie immer noch sehr empfehlenswert, insbesondere für Duftgärten.

›Gloria Dei‹ (siehe ›Peace‹)

›Grandpa Dickson‹

Höhe: 90 cm
Breite: 75–90 cm

1966 eingeführter Abkömmling von ›Perfecta‹, ›Governador Braga da Cruz‹ und ›Piccadilly‹, der auch unter dem Namen ›Irish Gold‹ bekannt ist. Das zarte Zitronengelb der Blüten verblaßt im Verblühen zu Cremegelb, die Ränder der Petalen sind dann rosa überlaufen. Die wohlgeformten, duftenden

›Dutch Gold‹

›Ernest H. Morse‹

›Duftwolke‹

›Ena Harkness‹

›Helen Traubel‹

›Grandpa Dickson‹

›John Waterer‹

Blüten stehen an hohen, aufrechten Trieben, das Laub ist dunkelgrün und glänzt.

Für eine gute Entwicklung braucht die Sorte nahrhaften Boden und regelmäßige Düngung, aber sie toleriert sowohl Trockenheit als auch Regen. Diese Rose kann gut in Pflanzenkombinationen verwendet werden, um prächtige Farb-, Wuchs- und Blattkontraste zu schaffen.

›Helen Traubel‹
Höhe: 120 cm
Breite: 90–100 cm

Kreuzung aus ›Charlotte Armstrong‹ und ›Glowing Sunset‹, die 1951 eingeführt wurde. Die leicht duftenden, kupfrig-rosa Blüten sind aprikosenfarben übertönt und im Herbst besonders schön. Bei großer Hitze öffnen sie sich rasch. Die Triebe sind lang und kräftig und dicht mit mattdunkelgrünen Blättern besetzt.

›John Waterer‹
Höhe: 75 cm
Breite: 60–75 cm

Eine Rosensorte aus dem Jahre 1970 mit kräftigem, verzweigtem Wuchs und herrlichen roten Blüten, die sich im Hochsommer öffnen und nur schwach duften, aber eine wunderschöne Form haben. Das Rot der Blüten macht diese Sorte zum Blickfang eines Rosengartens.

›Josephine Bruce‹

Höhe: 75 cm
Breite: 75 cm

Diese außergewöhnlich schöne Sorte von 1952 ist das Ergebnis einer Kreuzung von ›Crimson Glory‹ und ›Madge Whipp‹. Sie hat stark duftende, wohlgeformte, dunkelkarminrote Blüten, die mitunter scharlachrot überlaufen sind, und dunkelgrünes, mattglänzendes Laub. Weil die Pflanze zu einem ausladenden Wuchs neigt, schneidet man sie am besten auf nach innen zeigende Knospen zurück, damit sie voller und buschiger wird.

Leider sind die Blüten regenempfindlich und die Blätter anfällig für Mehltau, so daß sie möglicherweise gespritzt werden müssen. In regenreichen Gegenden sollte man diese Rose nicht pflanzen.

›Just Joey‹

Höhe: 75–90 cm
Breite: 75–90 cm

Eine Kreuzung aus ›Duftwolke‹ und ›Dr. Verhage‹ mit einer einzigartigen Farbe. Sie wurde Anfang der 70er Jahre eingeführt. Die kupferorangefarbenen, rotgeäderten Blüten haben gewellte Petalen und duften. Sie erscheinen über einen langen Zeitraum bis in den Herbst hinein, sind wetterfest und ideale Schnittblumen. Obwohl diese hervorragende Beetrose schon viele Preise erhalten hat, eignet sie sich nicht für Ausstellungen.

›Josephine Bruce‹

›Just Joey‹

›King's Ransom‹

›Prominent‹

›Kronenbourg‹

›Lady Sylvia‹

›Lolita‹

›King's Ransom‹
Höhe: 90–120 cm
Breite: 75 cm

Diese Teehybride ist eine der schönsten gelben Rosen. Sie ist ein Abkömmling von ›Golden Masterpiece‹ und ›Lydia‹ und wurde 1961 eingeführt. Die duftenden, tiefgelben Blüten haben eine wunderbare Form, verblassen nicht und eignen sich ideal für den Schnitt. Leider werden die mit dunkelgrünen, glänzenden Blättern besetzten Triebe leicht lang und dürr. Die Sorte ist nicht für kalkige oder sandige Böden geeignet. In Großbritannien und Amerika hat sie viele Preise gewonnen.

›Korp‹
›Prominent‹
Höhe: 75–90 cm
Breite: 60–75 cm

Die 1970 eingeführte Teehybride stammt von ›Colour Wonder‹ und ›Zorina‹ ab. Die gefüllten, zinnoberroten Blüten stehen in Vierer- oder Fünferbüscheln zwischen mattgrünen Blättern. Der Wuchs ist meist aufrecht und buschig. Die Sorte eignet sich ideal für Blumenarrangements. Man kann sie ins Rosenbeet pflanzen, doch sie gedeiht auch in Töpfen im Wintergarten gut.

›Kronenbourg‹
Höhe: 120 cm
Breite: 90–100 cm

Auch als ›Flaming Peace‹ geführter Sport der Sorte ›Gloria Dei‹ von 1965, der manchmal zurückschlägt. Die ungemein reizvollen Petalen der großen, gefüllten und leicht duftenden Blüten sind innen scharlachrot und außen gelb. An den kräftigen Trieben sitzen dunkelgrüne, glänzende Blätter. Leider verblassen die Blüten im Verblühen und verfärben sich. Daher muß Abgeblühtes regelmäßig entfernt werden.

›Lady Sylvia‹
Höhe: 90–120 cm
Breite: 75–90 cm

Sport der Sorte ›Madame Butterfly‹ von 1927, der trotz seines Alters bei Rosenfreunden noch sehr beliebt ist. Er eignet sich hervorragend für Beete und für den Schnitt. Die wohlgeformten, intensiv duftenden Blüten sind zartrosa und an der Basis blaß aprikosenfarben schattiert. Sie stehen an kraftvollen, langen, aufrechten Trieben zwischen mattgrünem Laub und öffnen sich bis in den Herbst.

›Lolita‹
Höhe: 75–90 cm
Breite: 75–90 cm

Dies ist eine herrliche Rose mit stark duftenden, goldenaprikosenfarbenen Blüten, die an geraden, dichtbestachelten Trieben zwischen kupferfarbenen Blättern stehen. Die Sorte ist resistent gegen Mehl- und Sternrußtau und verträgt Kälte. Wegen der einzigartigen Färbung ihrer Blüten und Blätter wie auch ihres Duftes wird sie gern für Blumenarrangements verwendet.

›Mainzer Fastnacht‹
(siehe ›Blue Moon‹)

›Message‹

Höhe: 75 cm
Breite: 75 cm

Auch unter dem Namen ›White Knight‹ bekannte, 1956 eingeführte herrliche Kreuzung aus ›Virgo‹ und ›Gloria Dei‹. Ihre wohlgeformten, reinweißen Blüten sind in der Mitte hoch und stehen an langen, aufrechten Trieben. Die wuchsfreudige Pflanze hat hellgrüne, matte Blätter. Da sie leider mehltau- und rostanfällig ist, muß sie eventuell regelmäßig gespritzt werden. Durch schweren Regen werden die Blüten häufig geschädigt.

Die Sorte hat sowohl in Europa als auch Nordamerika mehrere Preise erhalten.

›Mister Lincoln‹

Höhe: 120 cm
Breite: 75–90 cm

Kreuzung aus ›Chrysler Imperial‹ und ›Charles Mallerin‹ von 1964, die in Nordamerika sehr beliebt ist. Die großen, gut gefüllten, samtigen Blüten sind dunkelkarminrot mit scharlachrotem Hauch und duften leicht. Die Sorte hat einen kräftigen Wuchs und mattdunkelgrüne Blätter. Sie braucht ein großes Beet und ist anfällig für Mehltau.

In Nordamerika ist sie nicht so hart wie ursprünglich angenommen, aber dennoch sehr widerstandsfähig. Sie eignet sich nicht für kleine Rosenbeete.

›Mojave‹

Höhe: 90–120 cm
Breite: 75–90 cm

›Mojave‹ ist ein Abkömmling von ›Charlotte Armstrong‹ und ›Signora‹ aus dem Jahre 1954. Diese sehr robuste Rose hat ungewöhnlich duftende, flammendorangerote Blüten mit einer dunkleren Äderung und glänzende, bronzegrüne Blätter. Der Wuchs ist hoch und locker. Es handelt sich hier um eine widerstandsfähige Sorte, die bis in den Herbst schön ist und bereits viele Preise erhalten hat.

›Mrs. Sam McGredy‹

Höhe: 90 cm
Breite: 75–90 cm

Obwohl diese Sorte schon 1929 eingeführt wurde, hat sie immer noch ihre Liebhaber. Sie stammt von ›Donald Macdonald‹ und ›Golden Emblem‹ sowie einem Sämling und ›The Queen Alexandra Rose‹ ab. Die leuchtendkupferroten Blüten haben eine wunderschöne Form und stehen an langen Stielen. Die Blätter sind rötlich übertönt und ebenfalls sehr hübsch. Wie viele alte Sorten braucht diese Rose regelmäßige Düngung und Pflege sowie Schutz vor Sternrußtau. Sie eignet sich besonders gut für Rosenbeete.

›Mullard Jubilee‹

Höhe: 90–120 cm
Breite: 75 cm

Reichblühende Kreuzung aus dem Jahre 1970, auch unter dem Namen ›Electron‹ geführt. Die in Büscheln stehen-

›Message‹

›Mister Lincoln‹

›Mojave‹

›Mrs. Sam McGredy‹

›Mullard Jubilee‹

›Papa Meilland‹

›Paradise‹

den rosaroten Blüten sind groß und duften stark. Das dunkelgrüne, mattglänzende Laub ist kräftig, der Wuchs kompakt. Obwohl die Blüten Regen vertragen, muß eventuell gegen Rost gespritzt werden.

›Papa Meilland‹
Höhe: 90 cm
Breite: 75 cm

1963 eingeführter Abkömmling von ›Chrysler Imperial‹ und ›Charles Mallerin‹, der neben guten leider auch schlechte Eigenschaften hat. Sie samtigen, dunkelkarminroten Blüten sind dicht gefüllt und duften herrlich, doch die Pflanze an sich ist nicht zuverlässig und sehr anfällig für Mehltau. Sie hat einen kräftigen, aufrechten Wuchs und dunkelgrünes, glänzendes Laub.

Diese Sorte bestätigt die Tatsache, daß für die Beliebtheit einer Rose in erster Linie die Farbe zählt.

›Paradise‹
Höhe: 90–100 cm
Breite: 90 cm

Diese herrliche, zart duftende Rose wurde 1978 eingeführt. Ihre Blütenblätter sind silbriglavendelfarben mit einem Rand in Rubinrot, das sich nach und nach auf die ganze Blüte ausbreitet. Die Blätter sind dunkelgrün und glänzen. Die Sorte ist krankheitsresistent und verträgt offenbar auch kalte Winter.

›Pascali‹

Höhe: 90–100 cm
Breite: 75–90 cm

1963 aus ›Queen Elizabeth‹ und ›White Butterfly‹ gezogene Rose, die seit vielen Jahren wegen ihres Blütenreichtums beliebt ist. Die duftlosen, weißen Blüten sind im Aufblühen pfirsichfarben schattiert. Sie stehen an hohen, geraden Stielen und sind ziemlich regenfest. Die mattglänzenden, dunkelgrünen Blätter werden selten von Mehltau befallen.

›Peace‹
›Gloria Dei‹

Höhe: 100–120 cm
Breite: 90–100 cm

Dies ist möglicherweise eine der berühmtesten Rosen. Sie wurde 1942 eingeführt und nach dem Zweiten Weltkrieg millionenfach verkauft. Sie ist auch als ›Peace‹ bekannt. Zu ihren Eltern gehören ›Joanna Hill‹, ›Charles P. Kilham‹, ›Margaret McGredy‹ und *Rosa foetida bicolor*. Die großen, kugeligen und ziemlich schweren Blüten sind hellgelb – im Herbst manchmal auch dunkler – und gelegentlich rosa übertönt. Besonders schön sind sie voll erblüht. Sie stehen zwischen gesunden, dunkelgrünen, ledrigen Blättern. Da die Rose sehr wuchsfreudig ist, sollte man sie nur leicht schneiden.

›Peer Gynt‹

Höhe: 90 cm
Breite: 75 cm

Diese leuchtend gefärbte Rose entstand 1968 aus einer Kreuzung zwischen ›Colour

›Gloria Dei‹

›Pascali‹

›Peer Gynt‹

›Prima Ballerina‹

›Piccadilly‹

›Pink Peace‹

›Red Devil‹

Wonder‹ und ›Golden Giant‹. Die stark duftenden, kugeligen, kanariengelben Blüten sind an den Rändern der äußeren Petalen orangerosa überlaufen. Der Wuchs ist buschig, das ledrige Laub matt- und hellgrün. Die Sorte ist ideal als Beetrose, leider aber nicht sehr resistent gegen Mehltau.

›Piccadilly‹
Höhe: 60–75 cm
Breite: 60–75 cm

Zart duftende, 1959 eingeführte Kreuzung aus ›McGredy's Yellow‹ und ›Karl Herbst‹. Sie gehört zu den schönsten zweifarbigen Sorten und hat scharlachrote und goldgelbe Blüten. Im Verblühen verblassen die Farben und verschwimmen. Die Blätter sind glänzend bronzegrün. Durch ihren kompakten Wuchs und große Blühwilligkeit eignet sich die Sorte sehr gut für Rosenbeete, aber sie ist nicht krankheitsresistent. Sie wurde mit vielen Preisen ausgezeichnet.

›Pink Peace‹
Höhe: 90–120 cm
Breite: 90 cm

Der Name verrät, daß neben ›Monique‹ und ›Mrs. John Laing‹ auch ›Gloria Dei‹ zu den Elternsorten gehört. Die 1959 eingeführte Rose hat große, leicht schalenförmige, gefüllte Blüten, die tiefrosa sind und leicht duften. Sie stehen an einer buschigen, aufrecht wachsenden Pflanze. Das bronzegrüne, halbglänzende Laub ist krankheitsresistent.

›Prima Ballerina‹
Höhe: 90–100 cm
Breite: 75–90 cm

Diese auch unter dem Namen ›Premiere Ballerine‹ bekannte Teehybride wurde 1958 als Kreuzung zwischen einem namenlosen Sämling und ›Gloria Dei‹ eingeführt. Die wohlgeformten, stark duftenden, leuchtendrosa Blüten werden später rosérosa und stehen an hohen, kräftigen Trieben mit hellgrünen, mattglänzenden Blättern. Leider nimmt die Sorte leicht durch Regen und Mehltau Schaden. Sie muß eventuell regelmäßig gespritzt werden.

›Prominent‹ (siehe ›Korp‹)

›Red Devil‹
Höhe: 70–100 cm
Breite: 75–90 cm

Auch als ›Cœur d'Amour‹ bekannte, 1967 eingeführte Kreuzung zwischen ›Silver Lining‹ und ›Prima Ballerina‹, bei der es sich um eine ausgezeichnete Ausstellungsrose handelt. Die stark duftenden, großen Blüten sind leuchtend scharlachrot, auf der Rückseite aber deutlich heller. Die dichtgefüllten Blüten stehen an steifen, aufrechten Trieben zwischen kräftiggrünen, glänzenden Blättern.

Diese Rose ist ideal für Beete, wo sie zahlreiche Blüten entwickelt, die allerdings nicht regenfest sind.

›Red Lion‹

Höhe: 75–90 cm
Breite: 75–90 cm

Diese Sorte hat kirschrote, stark zurückgebogene Blütenblätter. Sie eignet sich gleichermaßen für kalte und warme Gegenden und entwickelt in jedem Klima schöne Blüten. Das Laub ist robust und ledrig. ›Red Lion‹ bereichert Blumenbeete durch ihre kräftigen, großartigen Farben.

›Rose Gaujard‹

Höhe: 100 cm
Breite: 75–90 cm

1958 eingeführter, reichblühender Abkömmling von ›Gloria Dei‹ und einem Sämling der Sorte ›Opera‹ mit zart duftenden Blüten. Die kirschroten Petalen haben silberfarbene Rückseiten. Die kräftigen Triebe sind verzweigt und tragen dunkelgrüne, glänzende Blätter, die häufig bronzefarben überhaucht sind.

Eine ideale Beetrose, die im Herbst sehr dekorativ aussieht. Außerdem wird sie selten krank.

›Royal Highness‹

Höhe: 90–100 cm
Breite: 90 cm

Diese 1962 entstandene Kreuzung zwischen ›Virgo‹ und ›Gloria Dei‹ hat gefüllte, duftende, zartrosa Blüten mit hohen Mitten. Sie ist wuchsfreudig und stark verzweigt, ihre Blätter sind dunkelgrün und glänzen. Da sie aber nicht regenfest ist, pflanzt man sie besser nur in relativ trockenen Gegenden. Hingegen ist sie selbst in sehr kalten Gegenden winterhart.

Diese Sorte ist auch unter dem Namen ›Königliche Hoheit‹ bekannt.

›Shot Silk‹

Höhe: 75–90 cm
Breite: 60–75 cm

Diese alte Sorte hat immer noch viele Freunde. Ihre großen, dichtgefüllten, lachsrosa Blüten sind goldgelb übertönt und in der Mitte hoch. Außerdem schimmern sie wie Seide und duften intensiv. Das Laub ist mittelgrün und glänzt. Leider hat diese Sorte im Laufe der Jahre an Kraft verloren. Es gibt auch eine kletternde Form.

›Silver Jubilee‹

Höhe: 75–100 cm
Breite: 60–75 cm

Diese auf der ganzen Welt beliebte, reichblühende Rose wurde 1978 eingeführt und hat seitdem viele Preise erhalten. Zu ihren besten Eigenschaften gehören ihre herrliche Farbe und ihre robuste Gesundheit.

Die wunderschönen, duftenden Blüten sind kupferlachsrosa sowie pfirsich- und rahmfarben schattiert. Das dunkelgrüne, glänzende Laub ist krankheitsresistent. ›Silver Jubilee‹ ist wegen ihrer kurzen Stiele eine ideale Beetrose. Als Schnittblume ist sie jedoch nicht sehr beliebt.

›Red Lion‹

›Rose Gaujard‹

›Silver Jubilee‹

›Royal Highness‹

›Silver Lining‹

›Shot Silk‹

›Summer Sunshine‹

›Silver Lining‹

Höhe: 75–120 cm
Breite: 75 cm

1958 eingeführte Kreuzung zwischen ›Karl Herbst‹ und einem Sämling der Sorte ›Eden Rose‹, die sich ideal für Rosenbeete und Ausstellungen eignet. Die außergewöhnlich duftenden, wohlgeformten Blüten haben anmutig zurückgebogene Petalen, die innen silbrig-rosa und außen silberfarben sind. Die Blätter sind klein und glänzend dunkelgrün.

Im Garten kommen die einzelnen Blüten leider nicht gut zur Geltung, im Haus ziehen sie aber die Blicke auf sich.

›Summer Sunshine‹

Höhe: 75–90 cm
Breite: 75 cm

Auch als ›Soleil d'Été‹ geführte Kreuzung zwischen ›Buccaneer‹ und ›Lemon Chiffon‹, die 1962 eingeführt wurde. Die mittelgroßen, tiefgelben Blüten haben große Petalen und duften zart. Sie stehen an langen Stielen zwischen dunkelgrünen, glänzenden Blättern. Die Blüten sind besonders reizvoll und schön gefärbt, doch die Lebensdauer der Pflanzen ist oft nur kurz.

›Super Star‹

Höhe: 90–120 cm
Breite: 90 cm

1960 eingeführte und häufig kultivierte Sorte, deren Eltern ›Gloria Dei‹ und ein namenloser Sämling sowie ›Alpenglühen‹ und ein weiterer Sämling sind. Sie hat viele Preise gewonnen und ist weithin wegen ihrer leuchtendzinnoberroten Blüten beliebt, die zu fluoreszieren scheinen. Darüber hinaus sind sie formschön und duften. Sie stehen an hohen, aufrechten Trieben zwischen mittelgroßen, mattglänzenden Blättern. Dank der langen Stiele eignen sie sich ausgezeichnet für den Schnitt. Eine gute Beetrose, die aber für Mehltau anfällig ist. Mitunter wird sie unter dem Namen ›Tropicana‹ geführt.

›Sutter's Gold‹

Höhe: 75–90 cm
Breite: 75 cm

Aus ›Charlotte Armstrong‹ und ›Signora‹ gezogene, beliebte Sorte aus dem Jahre 1950 mit stark duftenden, gefüllten, wohlgeformten Blüten. Sie sind tiefgoldgelb und pfirsichfarben übertönt und stehen an hohen, aufrechten Stielen, wodurch sie sich hervorragend für den Schnitt eignen. An den langen, aufrechten Trieben sitzt dunkelgrünes, glänzendes, aber relativ spärliches Laub.

›Tenerife‹

Höhe: 90 cm
Breite: 75 cm

Die Elternsorten dieser beliebten, ungemein reizvollen

›Super Star‹

›Sutter's Gold‹

›Tenerife‹

›Troika‹

›Wendy Cussons‹

›Whisky‹

Rose sind ›Duftwolke‹ und ›Piccadilly‹. Die gefüllten, intensiv duftenden Blüten bestehen aus dunkelkorallenrosa Petalen, die pfirsichfarbene Rückseiten haben. Leider sind sie nicht regenfest. Auch leiden die mittelgrünen, glänzenden Blätter leicht unter Krankheiten. Obwohl die Blütenfarbe variieren kann, sind die Blüten sehr attraktiv.

›Troika‹

Höhe: 90 cm
Breite: 75 cm

Auch unter dem Namen ›Royal Dane‹ geführte Züchtung aus dem Jahre 1972, deren Elternsorten nicht bekannt sind. Sie ist eine anmutige Rose, die sich großartig für Beete, Ausstellungen und Schnittblumenarrangements eignet. Ihre intensiv duftenden, großen, gefüllten Blüten haben eine bronzeorange Farbe mit einem roten Hauch. Sie sind farbbeständig und regenfest. Die Pflanze wächst kraftvoll und aufrecht, die mittelgrünen, anfangs bronzeroten, glänzenden Blätter sind krankheitsresistent.

›Wendy Cussons‹

Höhe: 90–100 cm
Breite: 90 cm

Diese weltberühmte Rose wurde 1959 aus ›Independence‹ und ›Eden Rose‹ gezogen. Die großen, gefüllten, dunkelkarminrosa Blüten haben eine perfekte Form und einen intensiven Duft. Das dunkelgrüne, glänzende Laub ist leicht rötlich übertönt, die Triebe sind kräftig und verzweigt. Es handelt sich um eine wetterfeste Sorte.

›Whisky‹

Höhe: 75 cm
Breite: 75 cm

Eine 1968 eingeführte Teehybride. Die stark duftenden, dichtgefüllten Blüten sind tief-goldgelb mit orange- und bronzefarbenem Anflug. Sie erscheinen zwischen dunkelgrünen, glänzenden Blättern, die im Austrieb bronzefarben übertönt sind. Diese Rose braucht guten Boden und ist anfällig für Mehltau.

Weitere empfehlenswerte Teehybriden:

›Adolf Horstmann‹	›Diorama‹	›Mon Cheri‹
›Alpenglühen‹	›First Prize‹	›Oregold‹
›Anastasia‹	›Flaming Beauty‹	›Pink Favourite‹
›Bewitched‹	›Friendship‹	›Precious Platinum‹
›Big Purple‹	›Gambler's Special‹	›Royal William‹
›Broadway‹	›Granada‹	›Sheer Bliss‹
›Canadian White Star‹	›Honor‹	›Sunblest‹
›Captain Harry Stebbings‹	›John F. Kennedy‹	›Swarthmore‹
›Chivalry‹	›Medaillon‹	›Tiffany‹
›Dolce Vita‹	›Mischief‹	›Virgo‹

Floribunda-Rosen

Bei diesen Rosen, die heute auch als »vielblütige Beetrosen« bezeichnet werden, handelt es sich um Kreuzungen aus frühen Teehybriden und Zwergformen der Polyantha-Rose. Sie sind also jünger als Teehybriden. Die winterharten, sommergrünen Sträucher tragen ihre Blüten in Büscheln, und wenn die Einzelblüten im allgemeinen auch kleiner als die der Teehybriden sein mögen, haben sie doch oft leuchtende Farben und erscheinen während des ganzen Sommers und bis in den Herbst.

Die Blüten neuerer Sorten sind größer und duften stärker. Generell handelt es sich um widerstandsfähige, zuverlässige, pflegeleichte Pflanzen, die rasch Farbe in den Garten bringen.

›Amber Queen‹

›Apricot Nectar‹

›Arcadian‹

›Arthur Bell‹

›Amber Queen‹
Höhe: 60 cm
Breite: 45–60 cm

1984 eingeführte Kreuzung aus ›Southampton‹ und ›Typhoon‹, die auch unter dem Namen ›Harooney‹ bekannt ist und zahlreiche Auszeichnungen erhalten hat. Ihre großen, dichtgefüllten, bernsteingelben duftenden Blüten haben eine reizvolle Schalenform, wenn sie voll geöffnet sind. Die Blütenbüschel setzen sich aus vielen Einzelblüten zusammen, die zwischen dunkelgrünen, glänzenden Blättern stehen. Die Pflanze wächst buschig und mittelstark.

›Apricot Nectar‹
Höhe: 80–100 cm
Breite: 90–100 cm

Dieser wuchsfreudige Abkömmling der Sorte ›Spartan‹ und eines namenlosen Sämlings wurde 1965 eingeführt. Die gutgefüllten, zart aprikosenfarbenen Blüten sind an der Basis goldfarben getönt und haben geöffnet etwa zehn Zentimeter Durchmesser. Sie stehen an hohen, aufrechten Trieben mit mittelgrünem, glänzendem Laub. Obwohl die Sorte anfällig für Mehltau ist und regelmäßig gespritzt werden muß, ist dies eine großartige Floribunda-Rose.

›Arcadian‹
Höhe: 90–100 cm
Breite: 90 cm

1982 aus ›Mary Sumner‹ und einem namenlosen Sämling gezogene Rose, die auch unter den Namen ›Macnewye‹ und ›New Year‹ geführt wird. Ihre schwach duftenden, großen, rötlichorangefarbenen Blüten stehen zwischen dunklen, bronzegrünen, glänzenden Blättern. Diese Rose ist außergewöhnlich widerstandsfähig.

›Arthur Bell‹
Höhe: 60–80 cm
Breite: 90 cm

Herrlich duftende, 1965 eingeführte Kreuzung aus ›Cläre

›Bonfire Night‹

›Bright Smile‹

Grammerstorf‹ und ›Picca-
dilly‹ mit großen, halbgefüllten, goldgelben Blüten, die
geöffnet schalenförmig sind.
Im Verblühen verblassen sie
und werden cremefarben.
Die beste Eigenschaft dieser
Floribunda-Rose ist sicherlich
ihr ausgeprägter Duft und ihre
langanhaltende Blühphase,
die früh beginnt und bis weit
in den Herbst reicht. Ihre
mittelgrünen, glänzenden
Blätter sind resistent gegen
Mehl- und Sternrußtau.

›Bonfire Night‹
Höhe: 75 cm
Breite: 75 cm

Die 1970 aus ›Tiki‹ und
›Variety Club‹ entstandene
Floribunda-Rose hat einen
großartigen buschigen Wuchs
und dekorative dunkelgrüne
Blätter, vor denen sich die
scharlachorangeroten Blüten-
blätter mit ihren helleren
Rückseiten gut abheben. Die
Blüten stehen in großen
Büscheln und ziehen die
Blicke auf sich.

›Bright Smile‹
Höhe: 60 cm
Breite: 45–50 cm

Zu Beginn der 80er Jahre eingeführte Kreuzung aus ›Euro-
rose‹ und einem namenlosen
Sämling, deren Blüten wunderschön gelb, aber sehr lok-
ker sind. Sie erscheinen früh
in großer Zahl zwischen mittelgrünen, glänzenden Blättern, die krankheitsresistent
sind.

›Brown Velvet‹

Höhe: 90–100 cm
Breite: 90 cm

Diese ungewöhnlich reizvolle Rose wurde 1979 mit der New Zealand Gold Medal ausgezeichnet. Ihre kleinen orangeroten Blüten stehen in Dreier- oder Fünferbüscheln an aufrechten Trieben. Bei kühlem Wetter können sich die Blüten bräunlich verfärben. Ein Pluspunkt sind zweifellos ihre dunkelgrünen, krankheitsresistenten Blätter. Diese Sorte ist aus einer Kreuzung von ›Mary Sumner‹ und ›Kapai‹ entstanden.

›Centurion‹

Höhe: 90–120 cm
Breite: 75–90 cm

1975 eingeführter, reichblühender Abkömmling von ›Evelyn Fison‹ und einem namenlosen Sämling. Die zart duftenden, großen Blüten, die zwischen mittelgrünen Blättern stehen, haben eine intensiv leuchtendrote Farbe, die ein ganzes Rosenbeet dominieren kann. Bei geringem Licht wirkt sie sehr dunkel.

›Circus‹

Höhe: 90 cm
Breite: 75–90 cm

Eine herrliche Floribunda-Rose, die 1955 aus ›Fandango‹ und ›Pinocchio‹ entstanden ist. Sie hat sich als ideale Gartenrose erwiesen und zahlreiche Preise gewonnen. Die gefüllten, gelben Blüten sind rosa und lachsfarben überlaufen, was sich im Verblühen noch verstärkt. Sie stehen in recht großen Bü-

›Brown Velvet‹

›Centurion‹

›Circus‹

›City of Leeds‹

›Congratulations‹

›*Elizabeth of Glamis*‹

›*Europeana*‹

scheln und haben einen würzig-süßen Duft. Der Wuchs ist verzweigt, die Blätter sind glänzend dunkelgrün. Möglicherweise muß diese Sorte gegen Sternrußtau gespritzt werden, aber sie blüht bis zum Frühwinter.

›City of Leeds‹
Höhe: 40–60 cm
Breite: 60 cm

Verbreitete, sehr beliebte Kreuzung aus dem Jahre 1966 mit den Elternsorten ›Evelyn Fison‹, ›Spartan‹ und ›Red Favourite‹. Sie blüht üppig und hat unter den tieflachsrosa Sorten praktisch keine Konkurrenz. Die duftenden Blüten stehen in großen Büscheln zwischen dunkelgrünen, mattglänzenden, kleinen Blättern.

›Congratulations‹
Höhe: 100–120 cm
Breite: 90 cm

Anmutige, zart gefärbte Rose, die auch unter dem Namen ›Korlift‹ geführt und mitunter den Teehybriden zugeordnet wird. Die schwach duftenden rosa Blüten sind gefüllt und stehen in kleinen Büscheln zwischen grünen, mattglänzenden Blättern. Im Verblühen verblaßt ihre Farbe, doch es öffnen sich bis in den Herbst hinein neue Blüten. Der Wuchs ist kraftvoll und aufrecht. Bei dieser Sorte handelt es sich um eine Kreuzung zwischen ›Carina‹ und einem namenlosen Sämling. Sie ist gegen die meisten Krankheiten resistent.

›Elizabeth of Glamis‹
Höhe: 50–60 cm
Breite: 45–50 cm

Dieser 1964 eingeführte Abkömmling von ›Spartan‹ und ›Highlight‹ ist auch als ›Irish Beauty‹ bekannt und war lange wegen seiner herrlich nach Zimt duftenden, lachsrosa Blüten, die in kleinen Büscheln stehen, sehr beliebt. Die mattglänzenden Blätter sind dunkelgrün. Die Sorte muß gegen Krankheiten gespritzt werden und braucht einen guten Boden. Sie darf nicht in kalten Tonboden gesetzt werden, da er einen frühen Austrieb verhindert.

›Europeana‹
Höhe: 50–60 cm
Breite: 45–50 cm

Züchtung aus ›Ruth Leuwerik‹ und ›Rosemary Rose‹ von 1963. Besonders schön kommt sie *en masse* gepflanzt zur Geltung, sie darf aber nicht mit mehr als in einem Abstand von 50 Zentimetern voneinander gepflanzt werden, damit sich die ausladenden Triebe gegenseitig Halt geben können. Die gefüllten, tiefkarminroten Blüten stehen in großen Büscheln und duften. Die Blätter sind im Austrieb rötlich-violett, später bronzegrün. Da sie dicht sitzen, müssen sie regelmäßig gegen Mehltau gespritzt werden.

›Evelyn Fison‹
Höhe: 75 cm
Breite: 50–60 cm

Eine unter dem Namen ›Irish Wonder‹ bekannte Kreuzung aus dem Jahre 1962, die als sehr zuverlässig gilt. Die leuchtendkarmin-scharlachroten, großen Blüten stehen in großen Büscheln und duften. Sie sind kälte- und nässebeständig. Die Elternsorten sind ›Moulin Rouge‹ und ›Korona‹. Das ebenfalls dekorative dunkelgrüne Laub steht an verzweigten Trieben und ist krankheitsresistent.

›Eye Paint‹
Höhe: 120 cm
Breite: 90–120 cm

Diese starkwüchsige Rose entstand 1976 aus einer Kreuzung zwischen ›Picasso‹ und einem namenlosen Sämling. Die kleinen, ungefüllten, scharlachroten Blüten haben weiße Augen und goldfarbene Staubgefäße, duften aber nicht. Das Laub ist mittelgrün und mattglänzend. Höhe und Wuchsfreudigkeit machen diese Sorte zu einer ausgezeichneten Heckenpflanze; sie ist jedoch anfällig gegen Sternrußtau.

›Fragrant Delight‹
Höhe: 75 cm
Breite: 60 cm

Diese Rose hat einen intensiven Duft und wunderschöne Blüten in einem kupferfarbenen Lachsrosa, das in der Mitte in Gelb übergeht. Von einigen Rosengärtnereien wurde sie aufgrund ihrer Größe und Form den Teehybriden zugeordnet. Sie entstand in den 70er Jahren aus ›Chanelle‹ und ›Whisky‹. Die Blätter sind im Austrieb hübsch bronzegrün, später färben sie sich langsam mittelgrün.

›Frensham‹
Höhe: 120 cm
Breite: 100–120 cm

1946 eingeführter Abkömmling von ›Crimson Glory‹ und einem namenlosen Sämling, der an eine Teehybride erinnert. Die tiefscharlachkarminroten, halbgefüllten Blüten stehen in ordentlichen Büscheln an verzweigten Sträuchern. Die glänzenden, grünen Blätter müssen regelmäßig gegen Mehltau gespritzt werden.

›Frisia‹ (siehe ›Korresia‹)

›Golden Slippers‹
Höhe: 45 cm
Breite: 45 cm

Eine in den USA 1961 eingeführte Kreuzung zwischen ›Goldilocks‹ und einem namenlosen Sämling. Ihre geringe Größe macht sie ideal für die Randbepflanzung von Terrassen. Die duftenden, teehybridenartigen Blüten haben orangefarbene Petalen mit blaßgoldenfarbenen Rückseiten; leider welken sie rasch. Der Wuchs ist buschig, die glänzenden, grünen Blätter sind aber anfällig für Sternrußtau. Darüber hinaus braucht diese Sorte fruchtbaren Boden und kühles Klima – in heißen, trockenen Sommern ist sie unzuverlässig.

›Evelyn Fison‹

›Eye Paint‹

›Fragrant Delight‹

›Frensham‹

›Golden Slippers‹

›Schneewittchen‹

›Lavaglut‹

›Iceberg‹
›Schneewittchen‹
Höhe: 120 cm
Breite: 100–120 cm

Die oft als beste weiße
Floribunda-Rose gepriesene
Sorte entstand 1958 aus
›Robin Hood‹ und ›Virgo‹. Die
Knospen sind rosa übertönt,
öffnen sich aber zu rein-
weißen Blüten, die in mittelgroßen bis großen Büscheln
stehen und duften. Im Spätsommer können sie sich blaßrosa verfärben. Die Rose
blüht den ganzen Sommer
hindurch und oft bis zur
ersten Winterkälte. Ihre Blätter sind mittelgrün und
glänzen. Wird sie nur leicht
geschnitten, entwickelt sich
ein kleiner Strauch, der sich
ideal für Rabatten eignet. Er
muß gegen Mehltau und
Sternrußtau gespritzt werden.

›Intrigue‹
›Lavaglut‹
Höhe: 60–90 cm
Breite: 75–90 cm

Diese faszinierende, außerge-
wöhnliche dunkle Rose
wurde 1979 in den Handel
gegeben und erfreut sich mit
jedem Jahr größerer Beliebtheit. Ihre Eltern sind ›White
Masterpiece‹ und ›Heirloom‹.
Die tiefblutroten, leicht gewellten, regenfesten Blüten
stehen in kleinen Büscheln
an langen Trieben und haben
einen wunderbaren Wildro-
senduft. Das Laub ist sehr widerstandsfähig. Die Abbildung zeigt eine ältere Form:
Sie wurde 1983 aus ›Gruß an
Bayern‹ und einem Sämling
gezüchtet und entwickelt
dunkelrote Blüten.

›Irish Mist‹

Höhe: 50–90 cm
Breite: 75–90 cm

Sie ist das wunderschöne Ergebnis einer Kreuzung zwischen ›Orangeade‹ und ›Mischief‹ aus dem Jahre 1967. Sie wird den Grandiflora-Rosen zugerechnet, zu denen Sorten gehören, die aus modernen Teehybriden und modernen Floribunda-Rosen entstanden sind. Die herrlich geformten Blüten haben den Aufbau von Teehybriden und eine großartige orange-lachsrosa Farbe. Charakteristisch sind die gekräuselten Petalenränder. Die Rose wächst mittelstark und verzweigt, die Blätter sind dunkelgrün und matt glänzend.

›Isis‹

Höhe: 90–100 cm
Breite: 75–90 cm

1973 eingeführte Kreuzung zwischen ›Vera Dalton‹ und ›Shepherdess‹ mit wohlgeformten, gefüllten, elfenbeinfarbenen Blüten, die herrlich duften und geöffnet etwa zehn Zentimeter Durchmesser haben. Sie stehen an buschigen, kompakten Pflanzen mit mittelgrünen, glänzenden Blättern.

›Korresia‹
›Frisia‹

Höhe: 60–75 cm
Breite: 60–75 cm

Auch als ›Sunsprite‹ bekannte, 1973 eingeführte Sorte, die zu den schönsten goldgelben Floribunda-Rosen zählt. Die großen, gefüllten, duftenden Blüten haben den Vorzug, daß sie nicht verblassen. Das

›Irish Mist‹

›Isis‹

›Frisia‹

›Lilli Marleen‹

›Margaret Merrill‹

›Masquerade‹

›Matangi‹

frischgrüne, glänzende Laub der buschigen Pflanze ist nicht sehr krankheitsanfällig. Schnittblumenfreunde mögen diese Rose, da sich die Blüten nur langsam öffnen und lange halten.

›Lavaglut‹ (siehe ›Intrigue‹)

›Lilli Marleen‹

Höhe: 60–90 cm
Breite: 60–75 cm

1959 eingeführte Kreuzung zwischen ›Our Princess‹ und ›Rudolph Timm‹, die sich ideal für ein Rosenbeet eignet. Sie entwickelt ein Meer halbgefüllter, kugeliger, samtiger, tiefscharlachroter Blüten. Sie stehen weit über dem mittelgrünen, mattglänzenden Laub. Eine zuverlässige, blühfreudige Sorte mit dichtverzweigtem Wuchs, die aber etwas anfällig für Mehltau ist.

›Margaret Merrill‹

Höhe: 75–90 cm
Breite: 75 cm

Diese Rose wurde 1977 eingeführt und ist auch unter dem Namen ›Harkuly‹ bekannt. ›Rudolph Timm‹, ›Dedication‹ und ›Pascali‹ sind die Elternsorten. Ihre zarten Knospen sind in der Mitte hoch und öffnen sich zu perlweißen Blüten, die rosa schimmern. Diese außergewöhnlichen, süß duftenden Blüten stehen in kleinen Büscheln zwischen dunkelgrünen, glänzenden Blättern. Eine nachteilige Eigenschaft ist ihre Empfindlichkeit gegenüber Krankheiten und Regen. Dennoch ist die Sorte

bei Rosenfreunden sehr beliebt und hat mehrere Preise bekommen.

›Masquerade‹

Höhe: 60–100 cm
Breite: 90 cm

Wenige Rosen sind so bekannt wie diese 1950 eingeführte Sorte, die zu den ersten mehrfarbigen Rosen gehörte und eine Kreuzung zwischen ›Goldilock‹ und ›Holiday‹ ist. Die duftenden, halbgefüllten Blüten sind gelb mit rosarotem Hauch, im Verblühen werden sie mattrot. Sie sitzen an verzweigten Trieben zwischen dunkelgrünen, glänzenden Blättern. Abgeblühtes muß entfernt werden, damit sich weitere Blüten entwickeln können. Die Sorte hat sich seit vielen Jahren im Garten bewährt.

›Matangi‹

Höhe: 60–90 cm
Breite: 75 cm

Diese wunderschöne Rose hat für ihre bemerkenswerte Färbung viele Preise erhalten. Ihre schwach duftenden, orange- bis zinnoberroten Blüten mit heller Mitte haben silberfarbene Rückseiten. Die Rose entstand durch die Kreuzung eines namenlosen Sämlings und der Sorte ›Picasso‹, an die sie tatsächlich stark erinnert. Die Blüten stehen in kleinen Büscheln, das Laub ist glänzend dunkelgrün.
Eine ausgezeichnete Beetrose, die auch regenfest ist. Leider hält sie in der Vase nicht lang.

›Memento‹

Höhe: 75 cm
Breite: 60–75 cm

Auch unter dem Namen ›Dicbar‹ geführte Rose, die von ›Bangor‹ und ›Korbell‹ abstammt. Sie entwickelt eine Fülle mittelgroßer, flacher, hellzinnoberroter Blüten, die duften und in Büscheln an einem kompakten Busch mit mittelgrünen, glänzenden Blättern stehen. Sie erscheinen den ganzen Sommer hindurch und sind regenbeständig. Dies ist eindeutig eine Beetrose.

›Moon Maiden‹

Höhe: 75 cm
Breite: 60–75 cm

1970 eingeführte Kreuzung aus ›Fred Streeter‹ und ›Allgold‹ mit großen, gefüllten, rahmgelben Blüten, die in großen Büscheln zwischen glänzenden, dunkelgrünen Blättern stehen. Oft sind die Blüten auch dunkler schattiert. Sie halten lange Zeit und duften. Der Wuchs ist hoch, buschig und verzweigt.

›Mountbatten‹

Höhe: 120 cm
Breite: 100–120 cm

Diese großartige Sorte ist auch unter dem Namen ›Harmantelle‹ bekannt. Sie wurde 1982 gezüchtet und erfreut sich heute unter Rosenfreunden großer Beliebtheit. Ihre Herkunft ist sehr verwickelt; unter anderem gehören zu den Elternsorten ›Peer Gynt‹, ›Anne Cocker‹, ›Arthur Bell‹ und ›Southampton‹. Sie hat einen kraftvollen, buschigen Wuchs und trägt zart duf-

tende, gefüllte, mimosengelbe Blüten. Das Laub ist mittelgrün und glänzt. Aufgrund ihrer kräftigen Triebe eignet sich die Sorte ausgezeichnet für eine Hecke oder Strauchrabatte, vorausgesetzt, sie hat genügend Platz.

›Old Master‹

Höhe: 100–120 cm
Breite: 90 cm

Zu den Elternsorten dieser 1974 eingeführten Rose gehören ›Maxi‹, ›Evelyn Fison‹, ›Orange Sweetheart‹, ›Frühlingsmorgen‹, ›Tantau's Triumph‹, ›Coryana‹, ›Hamburger Phoenix‹ und ›Danse du Feu‹. Ihre großartigen zweifarbigen Blüten stehen in großen Büscheln und haben nach dem Öffnen eine flache Form, so daß neben den tiefkarminroten Petalen mit ihren wunderschönen weißen Rückseiten auch ein silbrigweißes Auge sichtbar wird. Das Laub ist dunkelgrün und glänzt. Es handelt sich hier um eine sehr widerstandsfähige Rose.

›Orangeade‹

Höhe: 75 cm
Breite: 75 cm

1959 aus ›Orange Sweetheart‹ und ›Kordes Sondermeldung‹ gezogene Rose, die viele Jahre sehr beliebt war. Sie trägt zahllose leuchtend orange-zinnoberrote, halbgefüllte Blüten, die in großen, lockeren Büscheln stehen. Abgeblühtes muß stets entfernt werden, damit sich laufend neue Blüten entwickeln können. Das dunkelgrüne, mattglänzende Laub

›Memento‹

›Moon Maiden‹

›Mountbatten‹

›Orangeade‹

›Picasso‹

‹Old Master‹

›Paddy McGredy‹

steht an kräftigen, verzweigten Trieben. Leider ist die Rose sehr anfällig für Rost, Mehltau und Sternrußtau.

›Paddy McGredy‹
Höhe: 60 cm
Breite: 45–50 cm

Diese Züchtung von 1962 hat große Blüten, aber einen kleinen Wuchs. Sie entstand aus einer Kreuzung zwischen ›Spartan‹ und ›Tzigane‹, und ihre tiefkarminrosa Blütenblätter haben hellere Rückseiten. Die Blüten sind dicht gefüllt und wohlgeformt, aber leider verblassen sie in der heißen, prallen Sonne. Die erste reiche Blüte läßt die dunkelgrünen, matt-glänzenden Blätter oft fast ganz verschwinden. Die Sorte ist nicht sehr krankheitsresistent.

›Picasso‹
Höhe: 75 cm
Breite: 60 cm

Dieser Abkömmling der Sorten ›Marlene‹, ›Evelyn Fison‹, ›Orange Sensation‹ und ›Frühlingsmorgen‹ aus dem Jahre 1971 gilt als erste »handgemalte« Rose. Sie hat tiefrosa Petalen und rote Tupfen auf weißem Grund. Die Rückseiten sind silberfarben. Die Blüten duften nicht, doch die Blühphase ist lang. Sie stehen an niedrigen, buschigen Pflanzen mit schlanken Trieben, die mit mattem mittelgrünem Laub besetzt sind. Die Sorte ist leider anfällig für Sternrußtau.

›Pink Parfait‹

Höhe: 90 cm
Breite: 75 cm

Diese Rose hat seit ihrer Einführung im Jahre 1962 viele
Freunde gefunden und ist
eine Kreuzung zwischen ›First
Love‹ und ›Pinocchio‹. Die
rosa Knospen erinnern an
Teehybriden, die geöffneten
karmin-rosa Blüten sind in
der Mitte cremegelb. Sie duften süß und eignen sich ideal
für den Schnitt; darüber
hinaus sind sie regenbeständig. An den robusten, fast
stachellosen Trieben stehen
mittelgrüne, mattglänzende
Blätter. Eine blühfreudige
Sorte, die sich ideal für Rosenbeete und Rabatten eignet.

›Queen Elizabeth‹

Höhe: 150–180 cm
Breite: 100–120 cm

Diese nordamerikanische
Kreuzung aus ›Charlotte Armstrong‹ und ›Floradora‹ aus
dem Jahre 1955 ist bei Rosenfreunden sehr beliebt. Sie ist
außergewöhnlich kraftvoll
und ideal für eine hübsche
Hecke oder eine Strauch-
rabatte geeignet. Die großen,
gutgefüllten, rosa Blüten
duften schwach. Ein weiterer
Pluspunkt sind die dunkelgrünen, krankheitsresistenten
Blätter. Blumenfreunde schät-
zen diese Sorte auch, weil sie
als Schnittblume lange hält.
In einigen Pflanzenkatalogen
wird sie als Grandiflora-Rose
geführt. Wenige Rosen
haben so viele Auszeichnungen erhalten wie diese.

›Pink Parfait‹

›Queen Elizabeth‹

›Rosemary Rose‹

›Redgold‹

›Sarabande‹

›Satchmo‹

›Scented Air‹

›Redgold‹

Höhe: 75 cm
Breite: 60 cm

Diese Floribunda-Rose wurde 1967 eingeführt und ist heute in Nordamerika wie auch Europa weithin beliebt. Zu ihren Eltern gehören ›Karl Herbst‹, ›Masquerade‹, ›Faust‹ und ›Piccadilly‹. Ihre perfekten Blüten sind goldgelb mit roten Rändern. Am schönsten sehen sie nach dem Öffnen aus, da die Farben später zu einem hellen Orange verblassen. Die mittelgrünen, mattglänzenden Blätter sind ein schöner Hintergrund für die Blüten. Sie ist gut als Schnittblume geeignet, da sie lange hält.

›Rosemary Rose‹

Höhe: 75–90 cm
Breite: 60–75 cm

Diese unverwechselbare Rose wurde 1955 aus einem namenlosen Sämling und ›Gruß an Templitz‹ gezogen. Sie hat herrliche, an Kamelien erinnernde flache Blüten in Karminrot. Sie stehen in großen Büscheln und duften zart. An den kräftigen, verzweigten Trieben sitzen violett übertönte, mattmittelgrüne Blätter, die allerdings anfällig für Mehltau, Rost und Sternrußtau sind.

›Sarabande‹

Höhe: 40–60 cm
Breite: 75 cm

Eine Kreuzung von 1975 aus ›Cocorico‹ und ›Moulin Rouge‹ mit kompaktem Wuchs, die eine ideale kleine Beetrose mit langer Blühdauer ist. Die einfachen, hellscharlachroten Blüten mit ihren goldenen Staubgefäßen stehen in großen Büscheln an stark verzweigten Trieben.

›Satchmo‹

Höhe: 50–75 cm
Breite: 60–75 cm

Diese unverwechselbare Rose wurde 1970 aus ›Evelyn Fison‹ und ›Diamant‹ gezogen. Sie trägt dichte Büschel aus leuchtenden, dunklen zinnoberroten Blüten, die gefüllt sind und leicht duften. Sie bewahren auch im Verblühen ihr herrliches Rot und sorgen im Garten für Farbe. Die Pflanze wächst buschig und kompakt und hat dunkelgrüne Blätter. Sie ist ideal für Gartenbeete.

›Scented Air‹

Höhe: 90–120 cm
Breite: 75–90 cm

Der Duft dieser 1965 eingeführten, reichblühenden Kreuzung zwischen einem Sämling der Sorte ›Spartan‹ und ›Queen Elizabeth‹ erfüllt die Luft mit einem ausgesprochen fruchtigen Duft. Sie blüht öfter und ihre tieflachsrosa bis korallenroten Blüten sind locker gefüllt. Geöffnet haben sie einen Durchmesser von 7,5 Zentimetern. Die Pflanze wächst kraftvoll und buschig und hat glänzende Blätter.

›Schneewittchen‹

(siehe ›Iceberg‹)

›Sea Pearl‹

Höhe: 60–90 cm
Breite: 90 cm

Die auch unter dem Namen ›Flower Girl‹ geführte Rose aus dem Jahre 1964 ist aus ›Perfecta‹ und ›Montezuma‹ entstanden. Die Blüten sind groß wie bei einigen Teehybriden und duften schwach. Anfangs sind sie hochgeschlossen. Ihre rosa Petalen haben gelbe Rückseiten. An den kräftigen, aufrechten Trieben sitzen hübsche mittelgrüne, glänzende Blätter. Man sollte aber nicht zu viele Exemplare dieser Sorte in ein Rosenbeet pflanzen, da nach der ersten Blüte oft einige Zeit vergeht, bevor weitere Blüten erscheinen.

›The Times Rose‹

Höhe: 75–90 cm
Breite: 75 cm

Auch als ›Korpeahn‹ geführte großartige Kreuzung zwischen ›Tornado‹ und ›Redgold‹, die mehrere Preise erhalten hat. Ihre großen, gefüllten, duftenden Blüten haben blutrote Petalen und stehen in großen Büscheln. Sie heben sich schön von den dunkelgrünen Blättern ab, die im Austrieb bronzefarben übertönt sind.

›Trumpeter‹

Höhe: 50 cm
Breite: 45–50 cm

Eine Sorte, die auch unter dem Namen ›Mactru‹ bekannt ist. Sie hat einen kompakten, buschigen, niedrigen Wuchs und gefüllte, leuchtendzinnoberrote, zart duftende Blüten. Sie ist eine Kreuzung zwischen ›Satchmo‹ und einem namenlosen Sämling. Ihre dunkelgrünen, glänzenden Blätter sind außergewöhnlich gesund, ihre Blüten hängen bei Regen aber schnell herab.

›White Pet‹

Höhe: 30–60 cm
Breite: 60–75 cm

Diese Rose wurde 1879 eingeführt, und da sie Polyantha-Eltern hat, wird sie häufig als Strauchrose klassifiziert. Sie ist eine Bereicherung für jeden Garten und auch als Miniaturrose unter dem Namen ›Little White Pet‹ erhältlich. Sie entwickelt den

›Sea Pearl‹

›The Times Rose‹

Weitere empfehlenswerte Floribunda-Rosen:

›Allgold‹	›Fashion‹	›Nicole‹
›Angel Face‹	›French Lace‹	›Orange Wave‹
›Australian Gold‹	›Gentle Touch‹	›Pink Bountiful‹
›Betty Prior‹	›Glenfiddich‹	›Red Hot‹
›Blessings‹	›Greensleeves‹	›Royal Occasion‹
›Chinatown‹	›Hedgefire‹	›Seaspray‹
›Class Act‹	›Ice White‹	›Shepherdess‹
›Copper Pot‹	›Langford Light‹	›Showy Gold‹
›Dearest‹	›Lavender Dream‹	›Spartan‹
›Dorothy Wheatcroft‹	›Natali‹	›Valentine‹

›Trumpeter‹

›Young Venturer‹

White Pet‹

›Yvonne Rabier‹

ganzen Sommer über große Büschel aus kleinen, gutgefüllten, weißen Rosettenblüten, die duften und zwischen üppigem dunkelgrünem Laub stehen.

›Young Venturer‹
Höhe: 90 cm
Breite: 75–90 cm

Auch als ›Mattsun‹ geführte, reichblühende Kreuzung zwischen ›Arthur Bell‹ und ›Cynthia Brook‹ aus dem Jahre 1979, deren angenehm duftende aprikosenfarbene Blüten in zartem Orange und Goldgelb übertönt sind. Im Garten läßt diese Rose ein herrliches Farbspiel entstehen.

›Yvonne Rabier‹
Höhe: 60–100 cm
Breite: 90 cm

1910 eingeführter Abkömmling von *Rosa wichuraiana* und einer weißen Polyantha-Rose, der einen kräftigen Busch bildet. Die kleinen, gefüllten, weißen Blüten duften süß, sind rosettenförmig und erscheinen üppig in mittelgroßen Büscheln. Die Triebe sind kräftig und haben kleine, glänzenddunkelgrüne Blätter. Sie darf nicht zu stark geschnitten werden, da andernfalls die Kraft in die Triebe und nicht in die Blüten geht.

Kletterrosen: Ramblers und Climbers

Kletterrosen eignen sich ausgezeichnet zum Begrünen von Mauern, Zäunen, Pergolen und Pfeilern. Im wesentlichen unterscheiden sie sich dadurch, daß Climbers ein dauerhaftes Gerüst aus starren, festen Stämmen bilden und ihre Blüten an neuen Seitentrieben entwickeln, während die Ramblers lange, kräftige und biegsame Triebe haben, die meist in Bodenhöhe erscheinen. Diese Rosen sind von unterschiedlicher Wuchskraft, so daß die angegebene Höhe variieren kann, da Boden, Klima und der Standort Einfluß auf Höhe und Wuchsform haben.

›Albéric Barbier‹

›Albertine‹

›Alchymist‹

›Altissimo‹

›Albéric Barbier‹
Höhe: 6–7,5 m

Diese weltbekannte Ramblerrose von 1900 ist eine Kreuzung zwischen *Rosa wichuraiana* und ›Shirley Hibberd‹. Sie eignet sich ideal zum Begrünen eines Pfeilers oder Bogens und ist als Sichtschutz besonders nützlich. Ihre gelben Knospen öffnen sich zu gefüllten, rahmweißen, obstartig duftenden Blüten, die oft 7,5 Zentimeter Durchmesser haben. Sie erscheinen im Hochsommer in kleinen Büscheln. Nach der ersten Blüte kommt diese kraftvolle Rose noch zu einer schönen Nachblüte. Bis in den Herbst ist sie selten blütenlos. Das nahezu immergrüne, üppige Laub ist glänzend dunkelgrün.

›Albertine‹
Höhe: 4,5–6 m

Dies ist die vielleicht bekannteste Ramblerrose. Sie entstand 1921 aus *Rosa wichuraiana* und ›Mrs. A.R. Waddell‹ und eignet sich ideal für Mauern und Bögen oder als Sichtschutz. Man kann sie auch an Bäumen wachsen lassen. Im Frühsommer öffnen sich die rötlichen Knospen rasch zu süß duftenden, gefüllten, lachsrosa Blüten. Die Blätter sind im Austrieb rötlich, später mattdunkelgrün. Leider sind sie anfällig gegen Mehltau. Die Blüten nehmen bei starkem Regen oft Schaden.

›Alchymist‹
Höhe: 1,8–2,4 m

Auch ›Alchemist‹ geschrieben. 1956 als moderne Strauchrose eingeführte Sorte, die als solche bis 1,8 Meter hoch und 1,5 Meter breit wird, oft aber auch als Climber wächst. Die großen, angenehm duftenden, gefüllten, rosettenförmigen Blüten sind goldgelb und orange überlaufen. Die Sorte wirkt wie eine hübsche »alte« Rose und blüht den ganzen Sommer etwas nach.

›*American Pillar*‹

›*Bantry Bay*‹

›**Altissimo**‹
Höhe: 2,4–3 m

Dieser kleine Climber wurde 1966 eingeführt und hat große, einfache, blutrote Blüten. Sie sind karminrot schattiert, haben einen Durchmesser von zehn bis 13 Zentimetern und stehen in kleinen Büscheln. Die Rose blüht während der Sommer- und Herbstmonate wiederholt. Möglicherweise muß sie gegen Sternrußtau gespritzt werden.

›**American Pillar**‹
Höhe: 4,5–6 m

Die 1902 aus *Rosa wichuraiana,*̓ *Rosa setigera* und einer rotblühenden Hybride gezogene Ramblerrose hat an Beliebtheit verloren, aber sie ist dennoch lohnend. Die kleinen, einfachen, tiefrosa Blüten haben ein weißes Auge und erscheinen im Hochsommer in großen Büscheln. Leider duften sie nicht. Das dunkelgrüne, glänzende Laub muß regelmäßig gegen Mehltau gespritzt werden.

›**Bantry Bay**‹
Höhe: 3 m

Die zart gefärbte, großblumige Climberrose entstand 1967 aus ›New Dawn‹ und ›Korona‹. Ihre schwach duftenden, halbgefüllten, rosérosa Blüten sind lachsfarben übertönt und in der Mitte etwas dunkler. Sie haben eine flache Form und 7,5 Zentimeter Durchmesser. Sie blühen den ganzen Sommer etwas nach. Die Blätter sind mittelgrün, halbglänzend und robust.

›Bobby James‹
Höhe: 7,5 m

Die kräftige Ramblerrose aus
dem Jahre 1960 eignet sich
ideal dafür, an Bäumen zu
wachsen. Im Hochsommer
trägt sie in großen Dolden
halbgefüllte, elfenbeinfarbene
Blüten mit sechs oder sieben
Petalen und hübschen, gelben
Staubgefäßen. Diese Rose ist
für ihren intensiven Duft
bekannt. Ihre langen Triebe
sind biegsam und üppig mit
grünen Blättern besetzt. Sie
kann mit ihren Blüten und
Blättern einen dichten Schutz
bilden.

›Cécile Brunner, Climbing‹
Höhe: 6 m

Bei der gewöhnlichen ›Cécile
Brunner‹ handelt es sich um
eine wunderbar zarte, kleine
Strauchrose. Ihre kletternde
Form ist jedoch sehr
wuchsfreudig. Sie erreicht
etwa sechs Meter Höhe und
eine ähnliche Breite. Ihre kleinen, gefüllten Blüten sind
perlmuttrosa und duften
leicht. Im Gegensatz zu ihrer
kleineren Cousine bildet sie
ihre Blüten aber haupt-
sächlich im Frühsommer und
blüht später im Jahr nicht
mehr üppig. Die dunkelgrünen Blätter sind krankheitsresistent. Diese kletternde Form
stammt aus Kalifornien.

›Compassion‹
Höhe: 2,4 m

Dieser 1973 eingeführte großblütige Climber findet
immer mehr Freunde. Er hat
stark duftende, lachsrosa
Blüten, die aprikosenfarben
übertönt sind und während

›Bobby James‹

›Cécile Brunner, Climbing‹

›Compassion‹

›Crimson Shower‹

›Crimson Glory, Climbing‹

›Danse du Feu‹

›Dorothy Perkins‹

des Sommers erscheinen. Die dunkelgrünen Blätter bilden einen schönen Hintergrund für die Blüten. Besonders schöne Farbkontraste entstehen vor einer weißen Wand. Man kann die Rose aber auch an einem Pfeiler neben einem Weg pflanzen, wo man den Duft genießen kann.

›Crimson Glory, Climbing‹
Höhe: 3–4,5 m

Ein 1946 eingeführter Sport der Teehybride ›Crimson Glory‹, der sowohl in Großbritannien als auch in Nordamerika sehr beliebt ist. Die Rose hat große, gefüllte, schalenförmige, intensiv duftende Blüten, die dunkelkarminrot sind, schließlich aber eine violette Tönung bekommen. Die meisten Blüten erscheinen im Frühsommer, später kommen sie nur noch spärlich. Das rötlichgrüne, mattglänzende Laub muß regelmäßig gegen Mehltau gespritzt werden. Am besten pflanzt man diese Rose vor eine Wand oder an einem Pfeiler.

›Crimson Shower‹
Höhe: 3,5–4,5 m

Diese wunderschöne Ramblerrose wurde 1951 eingeführt und gilt als die schönste Sorte ihrer Farbe. Die kleinen, halbgefüllten Blüten sind leuchtend karminrot und rosettenförmig. Sie erscheinen vom Hochsommer bis in den Herbst. Das Laub bildet einen schönen Hintergrund. Die Sorte eignet sich ideal zum Begrünen eines Bogens

oder Pfeilers. Sie erfreut sich zunehmender Beliebtheit, da ihre Blüten farbbeständig sind und sie auch nach der Hauptblüte noch weiterblüht.

›Danse du Feu‹
Höhe: 2,4–3 m

Auch unter dem Namen ›Spectacular‹ geführte Rose, die 1954 aus ›Paul's Scarlet Climber‹ und einem Sämling von *Rosa multiflora* entstand. Sie war eine der ersten modernen Remontantrosen. Die duftlosen, halbgefüllten, leuchtend scharlach-orangefarbenen Blüten sind fast kugelförmig und stehen in mittelgroßen Büscheln. Sie erscheinen während des Sommers und bis in den Herbst hinein. Leider färben sie sich im Verblühen violett. Die mittelgrünen, glänzenden Blätter sind im Austrieb bronzefarben überlaufen und bilden einen schönen Hintergrund für die Blüten.

›Dorothy Perkins‹
Höhe: 4,5 m

Diese alte Ramblerrose entstand 1901 aus *Rosa wichuraiana* und ›Madame Gabriel Luizet‹. Sie ist heute noch beliebt und trägt kleine, gefüllte, rosa Blüten, die rosettenförmig sind und duften. Sie erscheinen im Spätsommer in großen Büscheln. Die Sorte ist äußerst wuchsfreudig und hat mittelgrünes, glänzendes Laub, das meist regelmäßig gegen Mehltau gespritzt werden muß.

›Dortmund‹
Höhe: 2,4–3 m

Eine öfter blühende Climber-rose, die 1955 durch Kreuzung eines Sämlings und *Rosa kordesii* entstand. Die großen, duftlosen, einfachen Blüten sind leuchtend rot mit einem weißen Auge und gelben Staubgefäßen. Sie erscheinen während des Sommers und bis in den Herbst hinein in großen Büscheln. Die Blätter sind dunkelgrün und glänzen. Am schönsten wirkt diese Sorte an Baumstämmen.

›Dreaming Spires‹
Höhe: 3–4,5 m

Ein öfter blühender Climber mit funkelnden goldgelben Blüten, die einen leichten Duft haben und zwischen schweren, dunkelgrünen Blättern stehen. Die Pflanze hat einen kräftigen, aufrechten Wuchs und ist während des ganzen Sommers dekorativ.

›Emily Gray‹
Höhe: 3,5–4,5 m

Dieser Rambler wurde 1918 eingeführt und ist eine Kreuzung aus ›Jersey Beauty‹ und ›Comtesse du Cayla‹.

Er hat halbgefüllte, duftende, einzigartig gefärbte Blüten, die sich im Hochsommer öffnen. Sie haben eine tiefgoldene Farbe mit einer dunkleren Mitte. Die Knospen sind hoch und spitz, die geöffneten Blüten flach. Sie stehen in kleinen Büscheln zwischen beinahe immergrünen, glänzenden Blättern, die im Austrieb bronzefarben und später dunkelgrün sind.

Die Triebe sind rötlichviolett. Die Sorte eignet sich ideal zum Begrünen eines Bogens oder als Sichtschutz. Nur leicht zurückschneiden, weil sie sonst zu stark wuchert.

›Étoile de Hollande, Climbing‹
Höhe: 3,5–5,4 m

Diese wuchsfreudige Climber-rose wurde 1931 als Sport der Teehybride gleichen Namens eingeführt. Sie hat locker gefüllte, samtige, karminrote Blüten, die intensiv duften. Die Blüten erscheinen hauptsächlich im Hochsommer; im Spätsommer und Frühherbst gibt es manchmal eine Nachblüte. Das üppige, dunkelgrüne, mattglänzende Laub bildet einen reizvollen Hintergrund. Die Rose ist ideal zur Wandbegrünung und erfüllt einen Garten mit kräftigem Duft.

›François Juranville‹
Höhe: 4–6 m

Eine alte Ramblerrose aus dem Jahre 1906, die durch eine Kreuzung von *Rosa wichuraiana* und ›Madame Laurette Messimy‹ entstanden ist. Sie wächst kraftvoll und trägt flache, gefüllte Blüten aus kleinen Petalen, die leuchtendrosa sind und zur Mitte hin ins Goldgelbe übergehen. Sie erscheinen im Frühsommer und duften wie Weinrosen. Die kleinen, dunkelgrünen, glänzenden Blätter sind im Austrieb rötlichbronzefarben. Die Rose hat lange, biegsame Triebe, sollte aber nicht vor Mauern gepflanzt werden, da sie bei man-

›Dortmund‹

›Dreaming Spires‹

›Emily Gray‹

›François Juranville‹

›Étoile de Hollande, Climbing‹

›Galway Bay‹

›Golden Showers‹

gelnder Luftzirkulation für Mehltau anfällig wird.

›Galway Bay‹
Höhe: 2,4 m

Der großblumige Abkömmling der Sorten ›Queen Elizabeth‹ und ›Heidelberg‹ von 1966 ist ideal für die Begrünung eines Pfeilers. Die großen, halbgefüllten Blüten sind rosarot mit dunkleren Rändern und duften leicht. Sie erscheinen während des Sommers und bis in den Herbst in Büscheln. Die Blätter sind mittelgrün.

›Golden Showers‹
Höhe: 2,4–3 m

Sehr beliebter großblütiger Climber, der 1956 durch eine Kreuzung zwischen ›Charlotte Armstrong‹ und ›Captain Thomas‹ entstand. Seine halbgefüllten, duftenden, goldgelben Blüten haben unter den Rosenliebhabern viele Freunde. Leider verblassen sie im Verblühen. Die spitzen Knospen erscheinen vom Frühsommer bis zu den ersten Frösten. Sie stehen an kräftigen, aufrechten Trieben zwischen dunkelgrünen, glänzenden Blättern, die bronzefarben übertönt sind und meist regelmäßig gegen Sternrußtau gespritzt werden müssen.

›Guinée‹

Höhe: 2–3 m

Diese bekannte, großblütige Climberrose aus dem Jahre 1938 ist eine Kreuzung zwischen ›Souvenir de Claudius Denoyel‹ und ›Ami Quinard‹. Die intensiv duftenden, dunkelsamtroten Blüten haben etwa zehn Zentimeter Durchmesser und goldene Staubgefäße. Sie öffnen sich im Frühsommer und sind farbbeständig. Leider sind die mittelgrünen, mattglänzenden Blätter anfällig für Mehltau. Die Sorte eignet sich in milden Gebieten sehr gut zum Verkleiden von Mauern und Pfeilern. Darüber hinaus kann sie schwächeren Kletterpflanzen wie Geißblatt oder *Clematis viticella* als Stütze dienen.

›Händel‹

Höhe: 2–3 m

Diese aufsehenerregende, großblumige Climberrose aus dem Jahre 1965 ist aus ›Columbine‹ und ›Heidelberg‹ entstanden. Ihre wohlgeformten Knospen öffnen sich zu schwach duftenden, cremefarbenen Blüten, die rosa übertönt und noch dunkler gesäumt sind. Sie erscheinen über einen langen Zeitraum. Das dunkelgrüne, glänzende Laub ist bronzefarben überlaufen. Am besten wird diese Rose an einem Pfeiler gezogen. Möglicherweise muß gegen Mehltau gespritzt werden.

›Guinée‹

›Händel‹

›Schneewittchen, Climbing‹

›Joseph's Coat‹

›Lady Hillingdon, Climbing‹

›Madame Alfred Carrière‹

›Madame Grégoire Staechelin‹

›Iceberg, Climbing‹
›Schneewittchen, Climbing‹
Höhe: 3 m

Dieser Climber wurde 1968 als Sport der bekannten und sehr beliebten Floribunda-Rose gleichen Namens eingeführt. Die gefüllten, weißen, schwach duftenden Blüten öffnen sich während des Sommers und bis in den Herbst hinein. Sie stehen zwischen mittelgrünen, glänzenden Blättern, die bald ganze Wände bedecken. Möglicherweise muß gegen Mehltau gespritzt werden.

›Joseph's Coat‹
Höhe: 3 m

Eine Kreuzung zwischen ›Buccaneer‹ und ›Circus‹ von 1964 mit großen, farbenprächtigen Blüten. Ihre locker gefüllten, goldgelben Blüten sind stark flammendorangefarben und kirschrot übertönt. Sie erscheinen fast während des ganzen Sommers in mittelgroßen Büscheln. Das mittelgrüne, mattglänzende Laub ist für sie ein herrlicher Hintergrund. Man kann diesen Climber in eine Strauchrabatte setzen oder an einen Pfeiler pflanzen.

›Lady Hillingdon, Climbing‹
Höhe: 4,5 m

Diese herrliche und äußerst zuverlässige Rose wächst am besten vor einer warmen Wand in der Sonne. Ihre lockeren aprikosengelben Blüten öffnen sich während des Sommers und duften wie Tee-

rosen. Die Rose ist ein Sport der 1910 eingeführten ›Lady Hillingdon‹ von Lowe und Shawyers, einem großen Pflanzenzüchter in England.

›Madame Alfred Carrière‹
Höhe: 2,5–3 m

Die sehr alte und bekannte Noisette-Kletterrose erfreut sich seit ihrer Einführung 1879 großer Beliebtheit. In begünstigten Lagen ist sie wuchsfreudig und trägt große, weiße, schalenförmige Blüten mit einem rosa Hauch. Die Blüten erscheinen während der Sommer- und Herbstmonate. Das Laub ist hellgrün. Da sie auch vor schattigen Mauern gut wächst, ist diese Rose für Gärten besonders geeignet.

›Madame Grégoire Staechelin‹
Höhe: 4–6 m

Eine auch unter dem Namen ›Spanish Beauty‹ geführte großblütige Climberrose von 1927, die viele Jahre populär war. Ihre Petalen changieren in rosa bis karminroten Tönen. Die flachen Blüten duften nach Wicken und stehen im Frühsommer zwischen mittelgrünen Blättern. Die Sorte eignet sich sehr gut zum Verkleiden von Wänden, und obwohl sie nur einmal blüht, ist sie dennoch großartig. Ihre reizvollen Hagebutten können im Winter als Zimmerschmuck verwendet werden.

›Mermaid‹
Höhe: 2–5 m

Einer der bekanntesten großblumigen Climber, der 1918 durch die Kreuzung von *Rosa bracteata* und einer Teerose entstand. Die duftenden, primelgelben Blüten haben oft zehn Zentimeter Durchmesser und bernsteinfarbene Staubgefäße. Sie öffnen sich in mehreren Phasen während des Sommers und – falls der Standort geschützt und das Wetter nicht zu schlecht ist – selbst noch im Spätherbst und Frühwinter. Die Blüten stehen in Büscheln zwischen mittelgrünen, glänzenden Blättern mit bronzefarbenem Hauch. Leider sind die stacheligen Stiele brüchig, so daß man vorsichtig mit ihnen umgehen muß.

Diese Rose braucht oft zwei Jahre, bis sie fest angewurzelt ist, und wird am besten vor eine warme, sonnige Wand gesetzt, da sie frostempfindlich ist. Sie wächst kräftig, und neue Triebe müssen häufig aufgebunden werden.

›Parade‹
Höhe: 3 m

Diese relativ neue Rose aus dem Jahre 1953 wirkt auf reizvolle Weise altmodisch. Sie ist aus einem Sämling von ›New Dawn‹ und ›World's Fair‹ entstanden. Die gefüllten, dunkelkarminrosa Blüten duften stark und stehen in großen Büscheln, die vor allem im Hochsommer, in kleineren Mengen aber auch noch später erscheinen. Das dunkelgrüne, glänzende Laub ist im Austrieb rötlich und

krankheitsresistent. Eine zuverlässige, robuste Rose, die man am besten an einen Pfeiler pflanzt.

›Parkdirektor Riggers‹
Höhe: 3,5 m

Kreuzung zwischen *Rosa kordesii* und ›Our Princess‹ mit großen Büscheln aus zart duftenden, halbgefüllten oder fast einfachen, blutroten Blüten, die sich während des ganzen Sommers öffnen. Abgeblühtes muß entfernt werden, damit sich neue Blüten entwickeln. Die Blätter sind dunkelgrün und glänzen. Diese Rose sieht an einem Pfeiler kletternd oder als Sichtschutz besonders hübsch aus, da ihre Blüten so gut zur Geltung kommen.

›Paul's Scarlet Climber‹
Höhe: 3–4 m

1916 entstandene Ramblerrose, die lange sehr beliebt war. Sie hat kugelförmige, halbgefüllte, leuchtendscharlachrote Blüten, die duften und farbbeständig sind. Sie erscheinen im Frühsommer in kleinen Büscheln zwischen mittelgrünen, glänzenden Blättern, die eventuell gegen Mehltau gespritzt werden müssen. Sie eignet sich gut für einen Bogen oder Pfeiler, aber auch als Sichtschutz.

›Schneewittchen, Climbing‹ (siehe ›Iceberg, Climbing‹)

›Mermaid‹

›Parade‹

›Schoolgirl‹

›Parkdirektor Riggers‹

›Souvenir de Claudius Denoyel‹

›Paul's Scarlet Climber‹

›Summer Wine‹

›Schoolgirl‹
Höhe: 3 m

Dieser großblütige Climber entstand 1964 durch eine Kreuzung von ›Coral Dawn‹ und ›Belle Blonde‹. Die zart duftenden Blüten haben Tee-hybridenform. Sie sind apri-kosen- bis orangefarben, später verblassen sie zu Lachs-rosa. Sie erscheinen während des Sommers und bis in den Herbst. Die dunkelgrünen, glänzenden Blätter stehen an kräftigen Trieben.

›Schwanensee‹
(siehe ›Swan Lake‹)

›Souvenir de Claudius Denoyel‹
Höhe: 4–5 m

Dieser wuchsfreudige Ab-kömmling von ›Château de Clos Vougeot‹ und ›Comman-deur Jules Gravereaux‹ aus dem Jahre 1920 hat halbge-füllte, schalenförmige, leuch-tendkarminrote Blüten, die intensiv duften und nicht ver-blassen. Die Rose blüht wie-derholt, am üppigsten aber während des Früh- und Hoch-sommers. Eine schöne Sorte für einen Duftgarten in begünstigten Lagen.

›Summer Wine‹
Höhe: 3–4,5 m

Öfter blühender, wüchsiger Climber mit reizvollen, einfa-chen, korallenroten Blüten und auffälligen roten Staubge-fäßen. Sie sorgen während des Sommers für einen schö-nen Blickfang und duften herrlich. Das Laub ist dunkel-grün.

›Swan Lake‹
›Schwanensee‹
Höhe: 2,4 m

Reichblühende Climberrose
aus dem Jahre 1968 mit
großen, schön geformten,
weißen Blüten, die dicht gefüllt und in der Mitte rosa
übertönt sind. Sie erinnern an
Teehybriden. Eine kraftvoll
wachsende Sorte, die öfter
blüht.

›Sympathie‹
Höhe: 3 m

Diese großblütige Climberrose wurde 1964 eingeführt.
Die süß duftenden, locker gefüllten, mittelgroßen Blüten
sind samtig-karminrot und
haben Teehybridenform. Sie
stehen in mittelgroßen Büscheln und erscheinen im
Hochsommer, es gibt aber
noch eine Nachblüte. Das
Laub ist dunkelgrün und
glänzt. Diese Rose sollte an
einem Pfeiler gezogen
werden.

›The Garland‹
Höhe: 4,5 m

Wunderbare, in Büscheln
blühende Ramblerrose, die
1835 eingeführt wurde und
als eine Kreuzung zwi-
schen *Rosa moschata* und
Rosa multiflora gilt. Im Hoch
sommer entwickelt sie einfache, kleine, zartrosa Knospen;
die Blüten werden später
weiß. Sie sehen fast aus wie
Korbblüten und duften stark
nach Orangen. Diese Rose hat
einen buschigen, verzweigten Wuchs mit aufrechten
Trieben und eignet sich ideal
zum Begrünen von Mauern
oder Bögen. Im Herbst trägt

›Schwanensee‹

›Sympathie‹

›Wedding Day‹

›The Garland‹

›White Cockade‹

›Zéphirine Drouhin‹

sie hübsche, rote Hagebutten. Auch ihr grünes Holz und die violettbraunen Stacheln sehen dekorativ aus. Die Rose kann als Strauch in einer Rabatte wachsen, wirkt aber an einer Wand reizvoller.

›Wedding Day‹
Höhe: 7,5–9 m

Üppige, kraftvolle Ramblerrose aus dem Jahre 1950 mit duftenden, cremefarbenen, fünfblättrigen Blüten, die die Blicke auf sich ziehen. Sie erscheinen im Hochsommer in riesigen Büscheln, verblassen aber und werden dann weiß. Die Blätter sind mittelgrün. Diese Sorte ist ideal zum Verkleiden großer Wände oder zum Klettern in Bäumen. Sie sollte jedoch nicht in Gegenden mit hohem Niederschlag gepflanzt werden, da die Blüten nach schwerem Regen rosa Flekken bekommen.

›White Cockade‹
Höhe: 2,4 m

Wunderschöner, großblütiger Climber mit schwach duftenden, gefüllten, weißen Blü-

ten, die über viele Monate erscheinen. Sein mittelgrünes, glänzendes Laub ist krankheitsresistent. Die Sorte kann auch in einer Strauchrabatte wachsen, klettert aber besser an einem Pfeiler.

›Zéphirine Drouhin‹
Höhe: 3–3,5 m

Diese auch unter dem Namen ›Stachellose Rose‹ gekannte Sorte ist eine der bekanntesten Bourbon-Rosen und wurde 1868 eingeführt. Ihre duftenden, halbgefüllten, dunkelrosérosa Blüten erscheinen während des Sommers. Abgeblühtes sollte regelmäßig entfernt werden, damit sich die Blüten in der Fülle entwickeln können, die diese Rose so berühmt gemacht hat. Die Blätter sind matthellgrün mit rotem Anflug und müssen meist gegen Mehltau gespritzt werden. Die Rose steht vor Mauern ideal und verträgt sogar lichten Schatten, kann aber auch gut in einer Strauchrabatte oder als Hecke wachsen. Sie gehört zu den zuverlässigsten Kletterrosen der Welt.

Weitere empfehlenswerte Kletterrosen (Ramblers und Climbers):

›Adeláide d'Orléans‹ (Rambler)	›Lawrence Johnston‹ (Climber)
›Allen Chandler‹ (Climber)	›Maigold‹ (Climber)
›America‹ (Climber)	›May Queen‹ (Rambler)
›Blaze‹ (Climber)	›New Dawn‹ (Climber)
›Bleu Magenta‹ (Rambler)	›Paul's Lemon Pillar‹ (Climber)
›Céline Forestier‹ (Climber)	›Pink Perpetue‹ (Climber)
›Don Juan‹ (Climber)	›René André‹ (Rambler)
›Francis E. Lester‹ (Rambler)	›Sander's White‹ (Rambler)
›Goldfinch‹ (Rambler)	›Silver Moon‹ (Rambler)
	›Veilchenblau‹ (Rambler)

Miniaturrosen

Diese winterharten, sommergrünen Sträucher haben verzweigte Triebe, die fast stachellos sind und winzige Blüten tragen. Sie besitzen all den Charme und die Schönheit ihrer großen Verwandten, bleiben aber erheblich kleiner, obwohl ihre Höhe variiert. Einige werden 30 bis 45 Zentimeter hoch, andere nicht einmal 15 Zentimeter. In den letzten Jahren sind vermehrt Zwergrosen eingeführt worden, von denen sich viele ideal für Blumenkästen und Tröge oder als Rabatteneinfassung eignen und selbst auf kleinstem Raum wachsen können. Allerdings sollte man sie nicht auf hohe Mauern stellen, da sie am schönsten aussehen, wenn man sie von oben sieht. Zwergrosen müssen stets aus Stecklingen gezogen werden, da bei Okulation bald ihr Wuchscharakter verlorengehen würde.

›Angela Rippon‹

›Angela Rippon‹
Höhe: 30 cm

Auch unter den Namen ›Ocaru‹ und ›Ocarina‹ geführte Kreuzung aus dem Jahre 1978. Die Eltern dieser kompakten, buschigen Miniaturrose sind ›Rosy Jewel‹ und ›Zorina‹. Sie eignet sich für kleine Rosenbeete. Da ihre gefüllten, hellkarminrosa Blüten gut duften, ist ihr idealer Standort nahe eines Fensters.

›Baby Darling‹
Höhe: 20–30 cm

Die 1964 eingeführte Kreuzung entstand aus ›Little Darling‹ und ›Magic Wand‹. Sie wächst buschig, hat wunderhübsche, gefüllte, orangerosa Blüten und scheint nicht für Mehltau anfällig zu sein. Diese zarte, reizende Sorte aus Kalifornien sollte in keiner Zwergrosensammlung fehlen.

›Baby Masquerade‹
Höhe: 30–40 cm

Der Name dieser Sorte wird auch ›Baby Maskerade‹ geschrieben. Diese hübsche Rose hat gefüllte, schwach duftende Blüten, die an Floribunda-Rosen erinnern und zunächst gelb, dann rosa und schließlich rot sind. Sie erscheinen hauptsächlich im Früh- und Hochsommer. Diese robuste, pflegeleichte Sorte entstand 1956 aus ›Tom Thumb‹ und ›Masquerade‹ und wird auch unter dem Namen ›Baby Carnival‹ geführt. Im Vergleich zu einigen anderen Miniaturrosen ist ihr Wuchs recht hoch und buschig. Sie eignet sich ausgezeichnet für Plätze, an denen man ein kleines, aber auffälliges Element benötigt; darüber hinaus ist sie gut als Schnittblume geeignet. Die Knospen sind nicht größer als ein Fingerhut.

›Baby Darling‹

›Baby Sunrise‹
Höhe: 20–25 cm

Auch unter dem Namen ›Macparlez‹ bekannte, 1984 eingeführte Rose unbekannter Abstammung. Ihre hübschen, zart pfirsichgelben Blüten

›Baby Masquerade‹

›Chelsea Pensioner‹

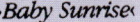
›Baby Sunrise‹   ›Cinderella‹

stehen zwischen mittelgrünem, krankheitsresistentem,
glänzendem Laub. Sie ist hervorragend für Pflanzgefäße,
wie zum Beispiel Blumen-
kästen, geeignet.

›Chelsea Pensioner‹
Höhe: 30–40 cm

Auch unter dem Namen
›Mattche‹ geführte, sehr dekorative Kreuzung, die 1982 aus
einem Sämling von ›Gold
Pin‹ und einem namenlosen
Sämling gezogen wurde. Ihre
dunkelroten Blüten werden
in der Mitte zart goldgelb und
stehen an etwas lockeren,
aber recht steifen Trieben zwischen dunkelgrünen, glän-
zenden Blättern.

›Cinderella‹
Höhe: 15–23 cm

Diese faszinierende Zwergrose entstand 1952 aus
›Cécile Brunner‹ und ›Tom
Thumb‹. Sie hat kleine, gutgefüllte, weiße Blüten, die an
Teehybriden erinnern. Sie
duften leicht und sind dunkelrosa überlaufen. Das dunkle, glänzende Laub steht an
steifen, aufrechten, stachellosen Trieben. Als Schnittblume
ist die Rose sehr beliebt, da
sie lange hält. Sie kann auch
gut als Bäumchen erzogen
werden.
  Obwohl einige Rosen-
freunde diese Sorte lieber zu
wenig düngen, damit sie
klein bleibt, entwickelt sie
sich auch bei ausreichender
Düngung schön und ist
außerdem weniger krank-
heitsanfällig.

›Colibri‹
Höhe: 20–25 cm

Buschige Zwergrose mit duftenden, gefüllten, leuchtend-orangeroten Blüten, die büschelweise zwischen dekorativen, glänzenden Blättern stehen. Sie wurde 1959 aus ›Goldilocks‹ und ›Perla de Montserrat‹ gezogen. Leider ist sie anfällig für Sternrußtau.

Jahre später kam ›Colibri '79‹ auf den Markt, die etwa 25 Zentimeter hoch wird und leuchtendgoldene bis aprikosenfarbene Blüten mit einer zartrosa Schattierung hat. Auch diese Pflanze wächst buschig. Mitunter wird sie als ›Meidanover‹ geführt.

›Darling Flame‹
Höhe: 30 cm

Bekannte Zwergrose aus dem Jahre 1971, zu deren Elternsorten ›Rimosa‹, ›Rosina‹ und ›Zambra‹ gehören. Manchmal wird sie auch unter dem Namen ›Minuetto‹ geführt. Es ist eine buschige, gesunde Pflanze mit gefüllten, tief orange-zinnoberroten Blüten, deren Rückseiten goldgelb sind. Auch haben sie einen leicht fruchtigen Duft. Das dunkelgrüne, glänzende Laub ist ebenfalls reizvoll, es muß aber auf Sternrußtau geachtet werden. Diese Sorte wird in Europa viel gezogen.

›Gold Pin‹
Höhe: 30 cm

Diese 1974 eingeführte Züchtung ist unbekannter Abstammung und entwickelt an langen Trieben außergewöhnlich dekorative, hell-

›Colibri‹

›Gold Pin‹

›Darling Flame‹

›Green Diamond‹

›Lavender Jewel‹

›Peek-a-Boo‹

›Perle d'Alcanada‹

goldgelbe Blüten. Sie heben sich schön vom Laub ab, das im Austrieb bronzefarben ist, aber leicht unter Sternrußtau leidet.

›Green Diamond‹
Höhe: 30 cm

Diese faszinierende Miniaturrose wurde 1975 eingeführt und in Nordamerika gezüchtet. Sie entstand aus einer Kreuzung von einem namenlosen Sämling und ›Sheri Anne‹. Ihre winzigen, limettengrünen, gefüllten, rosettenförmigen Blüten, die beim Öffnen einen rosa Anflug haben, sind allerdings nicht jedermanns Geschmack. Bei großer Hitze verblaßt das Grün leicht, was den Reiz der Rose beeinträchtigt.

Sie sollte nicht *en masse* gepflanzt werden, da die Blüten dann blaß wirken, sondern lieber vereinzelt gesetzt werden. Als Schnittblume hat die Rose viele Freunde, doch sollte man sie maßvoll einsetzen.

›Lavender Jewel‹
Höhe: 30 cm

Eine beliebte reichblühende Sorte, die 1978 durch Kreuzung von ›Little Chief‹ und ›Angel Face‹ entstanden ist. Die großen, gefüllten, rosa Blüten sind lavendelblau überhaucht und sehr farbbeständig. Sie öffnen sich nur langsam und stehen an buschigen Pflanzen mit einem etwas lockeren, ausladenden Wuchs. Leider duften sie nur schwach. Diese Miniaturrose wird gern als Schnittblume und für Ausstellungen verwendet.

›Peek-a-Boo‹
Höhe: 40–45 cm

Auch unter den Namen ›Brass Ring‹ und ›Dicgrow‹ geführte Züchtung von 1981, deren Elternsorten ›Bangor‹, ›Korbell‹ und ›Nozomi‹ sind. Obwohl sie etwas größer als die meisten Zwergrosen ist, hat sie dennoch einen kleinen, kompakten, kissenförmigen Wuchs. Während der Blütezeit versinkt sie unter kleinen, zart aprikosenfarbenen, flachen Blüten, die in hübschen Büscheln stehen.

›Perle d'Alcanada‹
Höhe: 20–25 cm

Auch unter den Namen ›Baby Crimson‹, ›Pearl of Canada‹, ›Titania‹ und ›Wheatcroft's Baby Crimson‹ geführter Abkömmling von ›Perle des Rouges‹ und *Rosa rouletti* von 1944. Die Sorte hat wohlgeformte Knospen, die sich zu halbgefüllten, karminroten Blüten öffnen. Die Basen der Petalen sind weiß, aber nicht sichtbar. Das Laub ist dunkel und glänzt. Die Pflanze hat einen ausladenden Wuchs, ist jedoch sehr zierlich und sollte in keinem Zwergrosengarten fehlen.

›Pour Toi‹
Höhe: 25 cm

Auch unter den Namen ›Para Ti‹, ›For You‹ und ›Wendy‹ bekannte hinreißende Rose, die 1946 aus ›Eduardo Toda‹ und ›Pompon de Paris‹ entstanden ist. Sie trägt kleine, halbgefüllte, weiße Blüten mit einem Anflug von Gelb, die zart duften. Die Blüten stehen an langen Trieben und sind im Gegensatz zu anderen weißen Sorten wetterfest. Der Wuchs ist buschig, und die grünen Blätter glänzen. Diese Rose hat sich seit vielen Jahren bewährt und eignet sich sehr gut für Tröge und Steingärten.

›Rosina‹
Höhe: 25–40 cm

Auch als ›Josephine Wheatcroft‹ geführte Zwergrose, die 1951 aus *Rosa rouletti* und ›Eduardo Toda‹ gezogen wurde. Ihre auffälligen, leuchtendgelben, gefüllten Sommerblüten haben Teehybridenform und stehen in Büscheln von jeweils etwa zehn Stück zwischen den grünen, glänzenden Blättern. Sie haben eine wunderschöne Form und duften zart. Die Rose ist ideal für Tischarran-

gements oder um ins Knopfloch gesteckt zu werden.

›Royal Salute‹
Höhe: 40 cm

Wunderhübsche, zarte Miniaturrose mit süß duftenden, rosaroten Blüten. Sie wächst sehr buschig und eignet sich hervorragend als Randbepflanzung von Wegen, wo man sie gut sieht und ihren Duft genießen kann.

›Snow Ball‹
Höhe: 25 cm

Mitunter wird die Sorte auch ›Snowball‹ geschrieben. Diese entzückende Zwergrose hat winzige, runde, weiße Blüten, die in Büscheln über ihren dunkelgrünen Blättern stehen. Leider duftet sie nicht. Die Sorte wurde 1984 eingeführt; die Eltern sind nicht bekannt. Dennoch ist sie sehr beliebt.

›Starina‹
Höhe: 25 cm

Diese Rose wurde 1965 aus ›Dany Robin‹, ›Fire King‹ und ›Perla de Montserrat‹ gezüchtet und wird auch unter dem Namen ›Meigabi‹ geführt. Sie ist eine der schönsten

›Pour Toi‹

›Rosina‹

›Royal Salute‹

›Snow Ball‹

Weitere empfehlenswerte Miniaturrosen:

›Anytime‹	›Dresden Doll‹	›New Penny‹
›Baby Betsy McCall‹	›Easter Morning‹	›Pink Sunblaze‹
›Baby Goldstar‹	›Galaxy‹	›Robin Red Breast‹
›Baby Katie‹	›Honest Abe‹	›Sheri Anne‹
›Bambino‹	›Innocent Blush‹	›Stars 'n Stripes‹
›California Sun‹	›Little Eskimo‹	›White Angel‹
›Coralin‹	›Little Flirt‹	›Yorkshire Sunblaze‹

›Starina‹

›Sweet Fairy‹

Zwergrosen und hat sich seit Jahren bewährt. Ihre edel geformten und dunkelorangefarbenen bis scharlachroten Blüten erscheinen vom Frühsommer bis in den Spätherbst in großer Zahl, und bei milder Witterung sogar noch im Frühwinter. Der Wuchs ist kraftvoll, die Blätter glänzen.

Diese Rose ist vielseitig – man kann sie in ein Beet neben die Terrasse pflanzen und auch in Kübeln, Fensterkästen und Töpfe. Darüber hinaus hält sie sich als Schnittblume gut und kann sogar als Bäumchen erzogen werden.

›Sweet Fairy‹
Höhe: 20–25 cm

Dekorative Miniaturrose mit wohlgeformten, herrlich duftenden fliederrosa Blüten, die etwa 2,5 Zentimeter Durchmesser haben und prall gefüllt sind. Sie wurde 1946 aus ›Tom Thumb‹ und einem namenlosen Sämling gezogen und hat auch schönes dunkelgrünes Laub. Schnittblumenfreunde verwenden sie gern, insbesondere für kleine Tischarrangements.

Wie andere Zwergrosen wächst auch diese am besten in einem Rosenbeet mit anderen Sorten gleichen Wuchscharakters. Unter Umständen kommt sie auch in einem niedrigen Hochbeet gut zur Geltung.

Wildrosen

Zu den Wildrosen gehören Arten aus vielen Teilen der Welt sowie ihre natürlichen und gezüchteten Abkömmlinge. Bei den meisten handelt es sich um winterharte Sträucher mit dekorativem Laub und einfachen, fünfblättrigen Blüten, einige Hybriden tragen jedoch auch halbgefüllte oder gefüllte Blüten. Viele duften intensiv und entwickeln im Herbst schöngeformte, farbenfrohe Hagebutten. Der Wuchs dieser Rosen ist gewöhnlich strauchartig und dicht; aber einige sind als äußerst starkwüchsige Spreizklimmer bekannt.

Rosa banksiae ›*Lutea*‹

Rosa banksiae

Höhe: 6 m und mehr
Breite: 2,4–3 m

Die wuchsfreudige *Rosa banksiae* kommt aus Mittel- und Westchina. Sie ist auch als Banksrose oder Lady Bank's Rose bekannt. Im Frühsommer trägt sie süß duftende, gefüllte, weiße Blüten mit 2,5 Zentimeter Durchmesser, denen kleine, runde, rote Hagebutten folgen. Es gibt mehrere Formen: *Rosa banksiae lutescens* mit einfachen, gelben Blüten; ›Lutea‹ mit gefüllten, rosettenförmigen, gelben Blüten; und die weißblühende *Rosa banksiae normalis*. Diese Art ist nur für milde, ausreichend geschützte Lagen geeignet.

Rosa californica

Höhe: 1,8–2,1 m
Breite: 1,2–1,8 m

Ein kräftig bestachelter Strauch aus dem Westen der USA mit vier Zentimeter großen, karminrosa Blüten, die vom Frühsommer an erscheinen. Später trägt er rote, runde Hagebutten. Von dieser Rose wird meist die Form *Rosa californica plena* gezogen, die überhängende Stämme hat, an denen süß duftende, halbgefüllte, tiefrosa Blüten sitzen.

Rosa centifolia

Höhe: 90–150 cm
Breite: 90–150 cm

Auch als Zentifolie, Kohlrose oder Provencerose bekannter stacheliger Strauch mit duftendem Laub und flachen, gefüllten, rosa Hochsommerblüten, die 7,5 Zentimeter groß sind und ebenfalls duften. Es gibt viele Formen wie: ›Bullata‹ mit gewellten Blättern, die an Kopfsalat erinnern; ›Muscosa‹, die Moosrose, dicht besetzt mit harzig riechenden drüsigen Borsten und stark duftenden, gefüllten, reinrosa Blüten; oder ›Parviflora‹, die Burgundische Rose, mit kleinen, flachen, dunkelrosérosa Blüten, die weinrot übertönt sind.

Rosa damascena

Höhe: 1,8 m
Breite: 1,8 m

Die Damaszener-Rose ist ein graublättriger Strauch aus Westasien mit 7,5 Zentimeter großen, gefüllten, duftenden Blüten, die von Weiß bis Rot changieren. Ihnen folgen bor-

Rosa californica plena

Rosa centifolia

Rosa damascena ›Versicolor‹

Rosa foetida bicolor

Rosa gallica ›Versicolor‹

stige, rote Hagebutten. Häufig kultiviert man die Sorte ›Versicolor‹, die halbgefüllte, weiß und rosa gestreifte oder gefleckte Blüten hat.

Rosa foetida
Höhe: 1,5 m
Breite: 1,2–1,5 m

Als Fuchsrose bekannter kleiner Strauch aus Westasien mit fünf bis sechs Zentimeter großen, butterblumengelben Blüten. Zwei interessante Formen sind: *Rosa foetida bicolor* mit Petalen, die innen kupferrot und außen gelb sind; und ›Persian Yellow‹ mit goldgelben, gefüllten Blüten.

Rosa gallica
Höhe: 90 cm
Breite: 90 cm

Rosa gallica, die Essigrose, Gallische- oder Provins-Rose, ist eine kleine, ausläufertreibende Art, die in Mittel- bis Südeuropa und Westasien heimisch ist. Ihren fünf bis 7,5 Zentimeter großen, tiefrosa Blüten folgen rote, runde Hagebutten. Häufig gezogene Sorten sind: ›Complicata‹ mit einfachen, rosa Blüten; ›Officinalis‹, die Apothekerrose, mit duftenden, halbgefüllten, rosé bis karminroten Blüten; und ›Versicolor‹, auch als ›Rosa Mundi‹ bekannt, die ein Sport der Sorte ›Officinalis‹ ist und karminrote Blüten mit weißen Streifen trägt.

Rosa hugonis

Höhe: 2,1 m
Breite: 1,8 m

Eine anmutige, verzweigte
Rose aus Mittelchina mit fünf
Zentimeter großen, schalen-
förmigen, hellgelben Blüten,
die im Frühjahr erscheinen.
Im Spätsommer entwickeln
sich braunrote, runde
Hagebutten. Auf dem Höhe-
punkt der Blüte bietet diese
Rose ein großartiges Farbspiel.

Rosa moyesii

Höhe: 3–3,5 m
Breite: 2,4–3 m

Bekannte Rose aus Westchina,
die im Frühsommer unter
einem Meer blutroter, ein-
facher Blüten mit fünf bis
7,5 Zentimeter Durchmes-
ser versinkt. Ihnen folgen
große, karminrote, flaschen-
förmige Hagebutten. Es gibt
mehrere herrliche Formen
wie: ›Geranium‹ mit leuchtendroten Blüten; ›Highdown-
ensis‹ mit kirsch- bis karminroten Blüten; ›Sealing Wax‹ –
eine wunderschöne Form
von *Rosa moyesii rosea* – mit
lebendig rosa Blüten; und
›Fred Streeter‹, ebenfalls eine
Form von *Rosa moyesii rosea,*
mit üppigen, rosa bis kirschroten Blüten.

Rosa pimpinellifolia

Höhe: 60–90 cm
Breite: 60–120 cm

Die in Europa und Westasien
heimische Bibernellrose oder
Dünenrose ist ein stacheliger
Strauch, der undurchdring-
liche Dickichte entstehen läßt
und im Frühsommer weiße
oder blaßrosa Einzelblüten
entwickelt. Kultiviert werden

Rosa hugonis

Rosa moyesii ›*Geranium*‹

Rosa rubiginosa

Rosa pimpinellifolia hispida

132

osa rugosa ›*Rubra*‹

osa xanthina spontanea ›*Canary Bird*‹

die Formen: *Rosa pimpinellifolia altaica* mit großen, einfachen, cremeweißen Blüten; ›Double Yellow‹ mit gefüllten, tiefgelben, stark duftenden Blüten; ›Double White‹ mit gefüllten, weißen Blüten, die wie Maiglöckchen duften; die blaßgelb blühende *Rosa pimpinellifolia hispida*; und ›Lutea‹ mit butterblumengelben Blüten.

Rosa rubiginosa
Höhe: 1,8–2,4 m
Breite: 1,8–2,4 m

Unter den Namen Weinrose oder Schottische Zaunrose bekannte Art aus Europa, deren Laub intensiv und süß duftet. Im Frühsommer trägt sie einfache, leuchtendrosa, vier Zentimeter große Blüten, denen später rote, ovale Hagebutten folgen, die bis in den Winter halten.

Rosa rugosa
Höhe: 1,5–2,1 m
Breite: 1,2–1,5 m

Dieser stachelige, robuste Strauch wird auch Kartoffelrose oder Japanische Apfelrose genannt. Er kommt aus Nordostasien und hat einfache, tiefrosa Blüten mit bis zu 7,5 Zentimeter Durchmesser, die stark duften und sich im Frühsommer öffnen. Die Art blüht bis zum Herbst nach, während bereits ihre schönen, leuchtendroten, runden Hagebutten erscheinen. Die Beschreibung zwei ihrer Sorten – ›Frau Dagmar Hastrup‹ und ›Roseraie de l'Hay‹ – findet sich in dem Kapitel über »alte« Rosen, weitere sind: ›Alba‹ mit rosa übertönten Knospen, die sich zu weißen Blüten öffnen; ›Rubra‹ mit wein- bis karminroten, duftenden Blüten; und ›Scabrosa‹ mit einfachen, rosé-magentaroten Blüten.

Rosa xanthina
Höhe: 1,8 m
Breite: 1,8 m

Anmutiger in Korea und Nordchina heimischer Strauch mit überhängenden Stämmen und zartem, farnartigem Laub. Die halbgefüllten, goldgelben Blüten sind etwa vier Zentimeter breit und erscheinen im Früh- und Hochsommer. Es wird hauptsächlich die Sorte *Rosa xanthina spontanea* ›Canary Bird‹ kultiviert, die kanariengelbe Blüten hat.

Weitere empfehlenswerte Wildrosen:

Rosa alba	*Rosa moschata*
Rosa ecae	*Rosa multiflora*
Rosa farreri	*Rosa noisettiana*
Rosa glauca	*Rosa sericea*
Rosa harisonii	*Rosa wichuraiana*

Moderne Strauchrosen

Diese winterharten, sommergrünen Sträucher sind vielfältiger Abstammung. Bei den meisten handelt es sich jedoch um Kreuzungen aus Wildrosen und »alten« Rosen. Sie sind kräftig und robust, und viele remontieren den ganzen Sommer über. Andere haben lediglich eine, aber dann vielleicht sehr lange Blüte. Viele wachsen zu hohen Sträuchern heran, einige sind jedoch ideal, um alte Baumstümpfe oder Böschungen zu überwuchern.

Da Wuchscharakter und Abstammung so unterschiedlich sind, werden kletternde Formen in Katalogen manchmal auch als Kletterrosen geführt.

›Aloha‹

›Aloha‹

Höhe: 1,5–3 m
Breite: 1,5 m

Wunderschöne, 1949 eingeführte Rose, die aus einer Kreuzung von ›Mercedes Gallart‹ und ›New Dawn‹ entstanden ist. Ihre stark duftenden, reinrosa Blüten sind lachsfarben schattiert. Sie wirken »altmodisch« und erscheinen wiederholt während des Sommers. Die mittelgrünen Blätter sind widerstandsfähig und dekorativ, die Blüten regenfest.

›Cerise Bouquet‹

Höhe: 2,7 m
Breite: 2,4 m

Dies ist eine der schönsten und anmutigsten Strauchrosen. Sie entstand 1958 aus einer Kreuzung von *Rosa multibracteata* und ›Crimson Glory‹. Ihre nach Himbeeren duftenden, halbgefüllten, hellkirschroten Blüten erscheinen den Sommer über in lockeren Büscheln. Einmal eingewurzelt, entwickelt die Rose anmutig hängende Stämme, die oft bis zu drei Meter lang sind. Sie kann auch an niedrigen Bäumen kletternd gezogen werden.

›Constance Spry‹

Höhe: 1,8–2,7 m
Breite: 1,8–2,1 m

Diese Rose wurde 1961 eingeführt und ist ein Abkömmling von ›Belle Isis‹ und ›Dainty Maid‹. Ihre großartigen, schalenförmigen, reinrosa Blüten erinnern an große Päonien. Sie duften intensiv nach Myrrhe und stehen zwischen dunkelgrünem Laub, das im Austrieb kupferfarben überlaufen ist. Hauptblütezeit ist der Früh- und Hochsommer. Die Rose wurde nach Constance Spry benannt, einer Liebhaberin alter französischer Rosen, denen sie stark ähnelt.

›Fritz Nobis‹

Höhe: 1,8 m
Breite: 1,8 m

1940 eingeführte Kreuzung aus ›Joanna Hill‹ und *Rosa rubiginosa magnifica* mit buschigem, ausladendem Wuchscharakter. Ihre teehybridenähnlichen, halbgefüllten Blüten sind hellrosa

›Cerise Bouquet‹

›Constance Spry‹

›Fritz Nobis‹

›Frühlingsgold‹

›Frühlingsmorgen‹

gefärbt mit einer dunkleren Schattierung. Sie duften erfrischend nach Nelken, und obwohl es im Frühsommer nur eine Blüte gibt, ist diese wirklich großartig. Später entwickeln sich rötliche Hagebutten. Die mitunter kreuz und quer wachsenden Triebe tragen große Stacheln und glänzendgrüne Blätter.

›Frühlingsgold‹
Höhe: 2,1 m
Breite: 2,1 m

Einführung von 1937 mit ›Joanna Hill‹ und *Rosa pimpinellifolia hispida* als Eltern. Ihre großen, einfachen, butterblumengelben Blüten duften herrlich und haben bis zu zehn Zentimeter Durchmesser. Sie öffnen sich während des Frühjahrs und Frühsommers. Im Verblühen hellen sie zu einem Cremeweiß auf und zeigen dann gelbe Staubgefäße.

›Frühlingsmorgen‹
Höhe: 1,8 m
Breite: 1,5 m

Diese großartige, öfter blühende Strauchrose wurde 1941 aus ›E.G. Hill‹, ›Catherine Kordes‹ und *Rosa pimpinellifolia* ›Grandiflora‹ gezogen. Sie trägt einfache, duftende, rosérosa Blüten mit bis zu zehn Zentimeter Durchmesser, die in der Mitte gelb sind und kastanienbraune Staubgefäße haben. Die Blüten erscheinen im Frühsommer und noch einmal im Spätsommer und Frühherbst. Sie heben sich vor den graugrünen Blättern schön ab.

›Golden Wings‹

Höhe: 1,2–1,5 m
Breite: 1,2–1,5 m

Sehr beliebte Kreuzung aus dem Jahre 1956 mit den Eltern ›Soeur Thérèse‹ und ›Ormiston Roy‹. Sie entwickkelt zehn Zentimeter große, einfache, blaßgelbe Blütenschalen mit mahagonifarbenen Staubgefäßen, die schwach duften. Während des Sommers öffnen sich ständig neue Blüten. Die blaßgrünen Blätter bilden dazu einen hübschen Hintergrund.

›Nevada‹

Höhe: 2–3 m
Breite: 2,1–2,4 m

Dies ist eine der bekanntesten neuen Strauchrosen, die 1927 durch die Kreuzung der Teehybride ›La Giralda‹ und einer Hybride von *Rosa moyesii* entstand. Die halbgefüllten, cremeweißen Blüten sind etwa zehn Zentimeter groß und bei großer Wärme rosa übertönt. Sind sie voll geöffnet, sieht man ihre gelben Staubgefäße. An den gebogenen Trieben sitzen matthellgrüne Blätter. Die Rose verlangt nach jährlichem Schnitt, wobei insbesondere altes und totes Holz entfernt werden muß.

›Nymphenburg‹

Höhe: 1,8–2,4 m
Breite: 1,8–2,1 m

1954 eingeführte Strauchrose, die das Ergebnis einer Kreuzung von ›Sangerhausen‹ und ›Sunmist‹ ist. Ihre großen, gefüllten teehybridenähnlichen Blüten duften süß nach Äpfeln. Die lachsrosa Petalen

›Golden Wings‹

›Nevada‹

Nymphenburg‹

Scharlachglut‹

Scintillation‹

Snow Carpet‹

sind an der Basis orangegelb und kirschrot schattiert. Die Blüten erscheinen in großen Büscheln fast ununterbrochen den ganzen Sommer hindurch. An kräftigen, ausladenden Trieben sitzen glänzende Blätter. Die Rose ist gut für eine Strauchrabatte geeignet, kann aber auch kletternd erzogen werden.

›Scharlachglut‹
Höhe: 2 m
Breite: 2,1 m

Diese Kreuzung aus dem Jahre 1952 entstand aus ›Poinsettia‹ und *Rosa gallica* ›Grandiflora‹ und ist für ihre herrliche Farbe bekannt. Die einfachen, scharlachroten Blüten haben 7,5 Zentimeter Durchmesser und goldgelbe Staubgefäße. Sie entwickeln sich üppig an langen, gebogenen Trieben. Ihnen folgen große, birnenförmige Hagebutten, die bis in den Winter halten und die Rose für Rabatten wertvoll machen. Leider gibt es praktisch nur eine Blüte im Hochsommer.

›Scintillation‹
Höhe: 1,2 m
Breite: 1,8 m

Einführung von 1968. Dieser weitausladende, reichblühende Strauch eignet sich hervorragend, um alte Baumstümpfe zu verstecken, große Hecken entstehen zu lassen oder Böschungen zu überranken. Die stark duftenden, halbgefüllten, zartrosa Blüten stehen in großen Büscheln und heben sich vor den graugrünen Blättern schön ab. Diese Rose blüht nur einmal, dafür aber lang. Mit ihren verflochtenen Trieben kommt sie am besten als Solitärpflanze zur Geltung.

›Snow Carpet‹
Höhe: 45 cm
Breite: 1,5–1,8 m

So wie einige andere moderne Strauchrosen kann auch diese niedrige Rose als ein besonderer, farbenfroher Bodendecker verwendet werden. Sie bildet dichte Kissen, an denen während des Sommers zahlreiche gefüllte, reinweiße Miniaturblüten erscheinen. Aufgrund ihrer geringen Größe kann sie in den meisten Gärten gezogen werden.

Weitere empfehlenswerte moderne Strauchrosen:

›Ballerina‹	›Marguerite Hilling‹
›Bloomfield Abundance‹	›Martin Frobisher‹
›Dentelle De Malines‹	›Max Graf‹
›Golden Chersonese‹	›Nozomi‹
›Heidelberg‹	›Raubritter‹
›Karl Foerster‹	›The Fairy‹

»Alte« Rosen

Zu dieser Klasse gehören alle jene Rosen, die vor der Einführung der Teehybriden aus Hybriden und Sports entstanden sind. Viele gibt es bereits Hunderte von Jahren, doch während einige heute zu Kuriositäten der Rosenwelt werden, haben andere noch ihren festen Platz im Garten. Zu den wichtigsten Gruppen innerhalb dieser Rosenklasse gehören Alba-Rosen, Bourbon-Rosen, Damaszener-Rosen, Zwergpolyantha-Rosen, Gallica-Rosen, Moschata-Hybriden, Remontantrosen, Rugosa-Hybriden, Weinrosen, Moosrosen, Portland-Rosen, Kohlrosen und Bibernellrosen.

›Adam Messerich‹

›Adam Messerich‹
Höhe: 1,8 m
Breite: 1,5 m

Diese großartige Bourbon-Rose von 1920 hat halbgefüllte, tiefrosa Blüten, die nach Himbeeren duften und nicht verblassen. Sie stehen an kräftigen Stielen zwischen dekorativem Laub. Die Blütezeit beginnt im Früh- oder Hochsommer und reicht bis zu den ersten Frösten. Die Rose hat einen kraftvollen, buschigen Wuchs und wirkt als beherrschender Blickfang.

›Alba Maxima‹
Höhe: 1,8 m
Breite: 1,5 m

Auch unter den Namen Jakobiter-Rose, Great Double White und Cheshire Rose bekannte großartige Alba-Rose, die ein Meer gefüllter, elfenbeinfarbener Blüten entwickelt. Sie sind zunächst rosa überlaufen, später cremefarben getönt und sehen etwas unordentlich aus, duften aber intensiv. Blütezeit ist der frühe Hochsommer. Die Blätter sind graugrün. Die verwandte Sorte ›Semiplena‹ (Weiße Rose von York) trägt stark duftende, milchweiße Blüten und wird in Bulgarien zur Destillation von Rosenöl verwendet.

›Alba Maxima‹

›Baron Girod de l'Ain‹
Höhe: 1,5 m
Breite: 1,2 m

Eine herrliche Remontantrose aus dem Jahre 1897 mit großen, zunächst schalenförmigen, dunkelkarminroten Blüten, die später flach werden. Sie duften kräftig und haben weißgesäumte Petalen, die eine unverwechselbare Blüte entstehen lassen. Die Rose hat Ähnlichkeit mit der etwa sieben Jahre früher eingeführten Sorte ›Roger Lambelin‹.

›Baronne Prévost‹
Höhe: 1,5 m
Breite: 1,2 m

1842 eingeführte, großartige und sehr zuverlässige Remontantrose. Die rosaroten Blüten werden mit fortschreitender Saison etwas heller. Sie duften angenehm und sind zunächst kugelförmig, später flach. Im viktorianischen England waren diese und andere Rosen ihres Typs sehr beliebt.

›Baronne Prévost‹

›Baron Girod de l'Ain‹

›Belle de Crécy‹

›Blanc Double de Coubert‹

›Belle de Crécy‹

Höhe: 120 cm
Breite: 90 cm

Diese faszinierende Gallica-
Rose bildet einen locker
wachsenden, fast stachellosen
Strauch mit kräftigen, gebogenen Trieben, an denen im
Hochsommer wohlrie-
chende, gutgefüllte, violett-
rote Blüten mit knopfartigen
Augen erscheinen. Gallica-
Rosen sind vermutlich die
ältesten aller Rosen. Sie bilden
einen kleinen, buschigen
Strauch mit zahlreichen winzigen Borsten, aber praktisch
keinen Stacheln. Sie gedeihen noch in armem Boden,
dürfen aber nicht schattig
stehen.

›Blanc Double de Coubert‹

Höhe: 1,8 m
Breite: 1,5 m

Diese großartige Hybride der
Rosa rugosa wurde 1892 eingeführt. Ihre ungewöhnli-
chen, großen Blüten wirken
papierartig. Sie sind halbgefüllt und reinweiß und erscheinen vom Früh- bis zum
Spätsommer. Die Knospen
haben einen rötlichen Anflug.
Im Herbst wird das Laub
etwas gelblich, und es entwik-
keln sich große, orangerote
Hagebutten. Der Wuchs ist
offen, hoch und locker, an
den Trieben sitzen dichte
Stacheln und dunkle, tiefge-
äderte Blätter.

›Camaieux‹

Höhe: 120 cm
Breite: 90 cm

Die prächtige Gallica-Rose
wurde 1830 eingeführt und
ist unter Rosenfreunden sehr
geschätzt. Sowohl die
Knospen als auch die voll-
geöffneten, weiß und karmin
gestreiften Blüten haben ein
charakteristisches Muster. Im
Verblühen verblassen die
Streifen erst zu Magentarot,
dann zu zartem Lilagrau. Blütezeit ist der Hochsommer.
Obwohl die Rose etwas
schwachwüchsig ist, ist sie
doch für jeden Rosengarten
eine Bereicherung.

Ähnlich sieht die 1846 eingeführte Sorte ›Tricolore de
Flandre‹ aus. Sie hat gefüllte,
weiße Blüten mit violetten
und karminroten Streifen und
duftet ebenfalls.

›Cardinal de Richelieu‹

Höhe: 1,5 m
Breite: 1,2 m

Eine unübertroffene Schönheit ist diese 1840 eingeführte
Gallica-Hybride, die in jeden
Garten paßt. Ihre dunkel-
violetten, beinahe ballförmi-
gen Hochsommerblüten
duften schwach und harmo-
nieren großartig mit den dunkelgrünen, glatten, glänzenden Blättern. Sie braucht besondere Pflege und muß
regelmäßig gut gedüngt, aus-
gedünnt und geschnitten werden. Doch diese Mühe lohnt
sich. Rosenkennern ist die
Sorte auch als »Blaue Rose der
Araber« bekannt.

›Camaieux‹

›Cardinal de Richelieu‹

›Cécile Brunner‹

›Chapeau de Napoleon‹

Charles de Mills‹

Comte de Chambord‹

Comtesse de Murinais‹

›Cécile Brunner‹

Höhe: 90 cm
Breite: 90 cm

Auch als ›Mignon‹, ›Madame Cécile Brunner‹ und ›Sweetheart Rose‹ bekannte zwergförmige Beetrose, auf die sowohl Anhänger der China-Rosen als auch der Polyantha-Rosen Anspruch erheben. Sie wurde 1881 eingeführt und ist eine Kreuzung zwischen *Rosa multiflora* und ›Madame de Tartas‹. Ihre hellrosa Miniaturblüten haben Teehybridenform und sind oft nicht größer als ein Fingerhut. Sie duften süß und erscheinen den ganzen Sommer hindurch zwischen den dunkelgrünen, zugespitzten Blättern. Die Rose darf nur wenig geschnitten werden. Es gibt auch eine kletternde Form.

›Chapeau de Napoleon‹

Höhe: 1,5 m
Breite: 1,2 m

Diese herrliche Zentifolie ist auch als ›Centifolia Cristata‹ oder ›Crested Moss‹ bekannt und wurde 1827 eingeführt. Ihr botanischer Name lautet *Rosa centifolia cristata*. Im Hochsommer entwickelt sie köstlich duftende, reinrosa Blüten, die leicht überhängen. Die Knospen sind darüber hinaus von einem Kranz bemooster Kelchblätter umgeben.

›Charles de Mills‹

Höhe: 1,5 m
Breite: 1,2 m

Starkwüchsige Gallica-Rose, die häufig unter dem Namen ›Bizarre Triomphant‹ geführt wird. Ihre großartig duftenden, dichtgefüllten, dunkelkarminroten Blüten bekommen im Verblühen einen violetten Anflug. Die flachen Blüten wirken einzigartig. Blütezeit ist der Hochsommer. Die Rose ist fast stachellos und hat dunkelgrüne Blätter.

›Comte de Chambord‹

Höhe: 120 cm
Breite: 90 cm

Diese 1860 eingeführte Portland-Rose ist eine der wenigen dieser Gruppe, die heute noch gezogen werden. Sie ist klein genug, um in jedem Garten einen Platz für sie zu finden. Die großen, wohlriechenden Blüten haben eine warme rosa Farbe mit einem violetten Anflug und zurückgebogene Petalen. Die Rose bereichert den Garten im Sommer sowohl durch ihre Farbe als auch durch ihren Duft.

›Comtesse de Murinais‹

Höhe: 2 m
Breite: 1,2 m

Eine großartige Moosrose, die 1843 eingeführt wurde und seither häufig kultiviert wird. Die gutgefüllten, süß duftenden Blüten sind beim Öffnen zartrosa, verblassen dann aber und werden fast weiß. Jede Blüte ist geviertelt und hat ein knopfartiges, grünes Auge. Eine wuchsfreudige Sorte, die viel Platz braucht.

›Cornelia‹

Höhe: 1,5 m
Breite: 1,5 m

Kräftige, ausladende Moschata-Hybride, die 1925 in den Handel kam und seitdem nichts von ihrer Beliebtheit verloren hat. Ihre Hauptblüte erfolgt zwar im Frühsommer, doch sie blüht bis in den Herbst nach. Die Blüten sind klein, rosettenförmig und aprikosenfarben, hellen aber allmählich zu einem kupfrigen Rosa auf. Sie stehen in großen Büscheln und entwickeln einen besonderen Duft, der lange in der Luft schwebt. Die dunkelgrünen Blätter bilden einen schönen Kontrast zu den Blüten. Die Rose kann als Strauchrabatte oder als Hecke gepflanzt werden.

›Empress Josephine‹

Höhe: 120 cm
Breite: 90 cm

Auch unter dem Namen ›Francofurtana‹ geführte Gallica-Hybride von 1835, die manchmal »Frankfortrose« genannt wird und innerhalb der Gallica-Gruppe die vielleicht großartigsten Blüten hat. Sie sind groß, gefüllt und schalenförmig; ihre tiefrosa Petalen sind dunkel geädert. Die Rose duftet nicht, trägt aber schöne Hagebutten und wächst kräftig.

›Fantin Latour‹

Höhe: 1,8 m
Breite: 1,5 m

Diese herrliche, robuste Zentifolie hat gutgefüllte, zunächst schalenförmige Blüten, deren Petalen sich aber später zurückbiegen. Sie sind zart rosafarben, in der Mitte etwas dunkler und entwickeln einen süßen Duft. Blütezeit ist der Hochsommer.

Besonders auffallend wirkt die Rose, wenn man sie an einen Weg pflanzt oder hinter grüne Gewächse in eine Rabatte setzt. Sie sollte jedoch nicht als Hintergrund für stark panaschierte, niedrige Pflanzen verwendet werden, da sie gegenseitig voneinander ablenken würden.

›Ferdinand Pichard‹

Höhe: 120 cm
Breite: 90 cm

Einführung von 1921, die die meisten Fachleute den Remontantrosen zurechnen, einige andere hingegen den Bourbon-Rosen. Sie blüht öfter bis in den Herbst und entwickelt kugelförmige, rosa Blüten, die violett und karminrot gestreift sind und einen intensiven, süßen Duft haben. Das Laub ist glatt und zugespitzt. Aufgrund ihrer Größe paßt diese Rose in die meisten Strauchrabatten.

›Frau Dagmar Hastrup‹

Höhe: 1,5 m
Breite: 1,5 m

Eine Rose vom Rugosa-Typ aus dem Jahre 1914, die in Katalogen oft auch als ›Frau Dagmar Hartopp‹ zu finden ist. Sie bildet einen kompakten, buschigen Strauch mit stark bestachelten Trieben. Den einfachen, reinrosa Blüten mit ihren cremig-gelben Staubgefäßen folgen im Herbst dunkelrote, runde Hagebutten. Die ersten erschei-

›Cornelia‹

›Empress Josephine‹

›Fantin Latour‹

›Frau Dagmar Hastrup‹

›Ferdinand Pichard‹   ›Gloire du Ducher‹

nen manchmal schon
zwischen den letzten Blüten.
Der Schnitt erfordert Auf-
merksamkeit – totes Holz
muß stets entfernt werden.
Eine gute Sorte für schöne
Hecken.

›Frau Karl Druschki‹
Höhe: 1,2–1,5 m
Breite: 1,2 m

Meist als Remontantrose,
manchmal als Teehybride
klassifizierte Rose, die 1901
eingeführt wurde und seitdem sehr beliebt ist. Sie
wächst kraftvoll und hat wunderschön geformte Knospen,
die sich zu gefüllten, reinweißen Blüten mit einem Anflug von Gelbgrün in der
Mitte öffnen. Wird diese Rose
leicht geschnitten, entwickelt
sie eine Fülle von Blüten, die
allerdings nicht duften.

›Gloire du Ducher‹
Höhe: 1,8–2,1 m
Breite: 1,2 m

Diese hohe, locker wach-
sende Remontantrose wurde
1865 eingeführt. Sie kann
kletternd gezogen werden,
steht jedoch besser in einer
Strauchrabatte, wo sie ein do-
minantes Element bildet. Die
großen, dichtgefüllten Blüten
sind zunächst dunkelkar-
minrot, später violett. Im
Herbst sehen sie besonders
attraktiv aus. Sie heben sich
vor dem dunkelgrünen Laub
gut ab und duften wunder-
voll.

›Frau Karl Druschki‹

›Honorine de Brabant‹

Höhe: 1,8 m
Breite: 1,8 m

Die Rose gilt als Sport der süß duftenden ›Commandant Beaurepaire‹, ist aber dichter belaubt und kräftiger. Sie gehört zu den Bourbon-Rosen und bildet einen großen Strauch mit blaßrosa Blüten, die karminrot und lilarosa marmoriert sind. Die Hauptblüte ist im Hochsommer, aber sie blüht bis zum Herbst nach. Die Blüten haben eine lockere Schalenform und duften intensiv nach Himbeeren, was diese Rose ideal für einen Duftgarten macht. Da ihr Wuchs meist etwas breiter als hoch ist, braucht sie reichlich Platz.

›Jacques Cartier‹

Höhe: 120 cm
Breite: 90 cm

Wüchsige Portland-Rose, die 1868 eingeführt wurde und während des Sommers öfter blüht. Trotz ihrer Wuchsfreudigkeit bleibt sie aber kompakt. Sie trägt kräftige, ledrige, hellgrüne Blätter und ihre wunderschön gevierteilten, großen, tiefrosa Blüten haben eine grüne Mitte. Sie verströmen einen schweren, süßen Duft.

›Königin von Dänemark‹

Höhe: 1,7 m
Breite: 1,2 m

Auch als ›Queen of Denmark‹ bekannte Sorte mit je einer Alba- und Damaszener-Rose als Eltern, die 1826 eingeführt wurde und jeden Garten verschönt. Sie wird zur Gruppe der Alba-Rosen gezählt. Ihr

›Honorine de Brabant‹

›Jacques Cartier‹

›Königin von Dänemark‹

›Lady Curzon‹

›La Ville de Bruxelles‹

›La Reine Victoria‹

›Louise Odier‹

lockerer, offener Wuchscharakter lenkt nicht von den wohlgeformten, leuchtendscharlachrosa Blüten ab, die nach außen hin langsam heller werden. Sie duften auffallend, sind dicht gefüllt und haben oft ein knopfähnliches Auge. Blütezeit ist der Hochsommer. Wie die meisten Alba-Rosen ist auch diese sehr robust und wächst manchmal unter den widrigsten Bedingungen.

Sie harmoniert gut mit vielen anderen Rosen und kann als Hintergrund für kleinere Formen wie Zwergrosen dienen. Vor *Pyrus salicifolia* gepflanzt wirkt sie besonders reizvoll.

›Lady Curzon‹
Höhe: 2,5 m
Breite: 2,4 m

1901 eingeführte Rose, die ein Abkömmling von *Rosa rugosa rubra* und *Rosa macrantha* ist. Die großen, einfachen, etwas gewellten Blüten sind rosa und werden zur Mitte hin weißlich. Sie haben wunderschöne, cremegelbe Staubgefäße und duften lieblich. Die oft acht Zentimeter großen Blüten erscheinen im Hochsommer.

›La Reine Victoria‹
Höhe: 180 cm
Breite: 90 cm

Diese Sorte aus dem Jahre 1872 wird auch ›Reine Victoria‹ genannt und den Bourbon-Rosen zugeordnet. Sie hat gefüllte, altrosa Blüten mit einem wunderbaren, weitreichenden Duft, die über einen langen Zeitraum erscheinen. Die muschelförmig gewölbten Petalen sind im Kreis angeordnet und bilden eine Schalenform. Leider werden sie bei nassem Wetter leicht fleckig. Der Wuchs ist kraftvoll und aufrecht, das Laub glatt und schmal.

›La Ville de Bruxelles‹
Höhe: 1,5 m
Breite: 1,2 m

Eine den Damaszener-Rosen zugeordnete Sorte von 1849 mit sattgrünem, üppigem Laub und außergewöhnlich großen, gefüllten, rosa Blüten, die knopfartige Mitten haben. Die geöffneten Blüten sind flach und ihre Petalen zurückgebogen; im Verblühen verblassen sie. Sie erscheinen im Hochsommer und duften süß und schwer.

›Louise Odier‹
Höhe: 1,5 m
Breite: 1,2 m

Zweifellos ist diese 1851 eingeführte Sorte die schönste unter den Bourbon-Rosen. Die edlen, schalenförmigen Blüten sind gefüllt mit gleichmäßig angeordneten, tiefrosa Petalen, die einen lila Anflug und außerdem einen herrlichen süßen Duft haben. Sie erscheinen ununterbrochen während des Sommers.

›Madame Hardy‹

Höhe: 1,8 m
Breite: 1,5 m

Eine prächtige Damaszener-Rose, die 1832 eingeführt wurde und wegen ihrer wundervollen, reinweißen Blüten berühmt ist. Die Blüten sind zunächst schalenförmig, später flach und duften leicht nach Zitrone. Während sich die äußeren Petalen nach unten rollen, bleiben die inneren einwärts gebogen. Die Knospen sind rosa überlaufen.

Diese »alte« Rose zieht in Rabatten, in denen ihre zarten Blüten optimal zur Geltung kommen, die Blicke auf sich.

›Madame Isaac Pereire‹

Höhe: 2,1 m
Breite: 1,5 m

Diese hohe, kraftvolle Bourbon-Rose aus dem Jahre 1881 hat große, schalenförmige Blüten in einem tiefen Krapprot, die nachhaltig nach Himbeeren duften. Leider sind die ersten Blüten oft unförmig, spätere sehen jedoch wunderschön aus. Manchmal wird diese Rose kletternd an Pfeilern oder Wänden gezogen. Sie harmoniert gut mit anderen Blumen wie etwa Flieder, Päonien, Tulpen und Lilien.

›Madame Pierre Oger‹

Höhe: 150 cm
Breite: 90 cm

Die 1878 eingeführte Bourbon-Rose ist ein Sport von ›La Reine Victoria‹, der sie, von der Blütenfarbe abgesehen, auch ähnelt. Die Blüten sind perlmuttrosa, gefüllt und kugelförmig; sie zeichnen sich durch einen schweren, intensiven Duft aus.

›Madame Plantier‹

Höhe: 1,5–1,8 m
Breite: 1,8 m

Einführung von 1835, die manchmal den Alba-Rosen, manchmal den Noisette-Rosen zugeordnet wird. Ihre pomponförmigen, rahmweißen Blüten sind mittelgroß und duften süß. Beim Öffnen sind sie in der Mitte zitronengelb übertönt. Sie stehen an anmutig gebogenen Trieben und erscheinen hauptsächlich im Hochsommer. Die Rose hat einen dichten Wuchs und kleine, hellgrüne Blätter. Als Kletterpflanze gezogen kann sie 3,5 Meter Höhe erreichen, am schönsten sieht sie aber als Strauch in einer Rabatte aus.

›Maiden's Blush‹

Höhe: 1,5 m
Breite: 1,2 m

Eine herrliche, sehr alte Alba-Rose, die es schon vor dem 15. Jahrhundert gab. Ihre halbgefüllten, zartrosa Blüten duften betäubend. Sie öffnen sich im Hochsommer und stehen zwischen graugrünen Blättern an langen, gebogenen Trieben. Zweifellos ist dies eine der schönsten Gartenrosen, und sie sollte in keinem Rosengarten fehlen.

›Maréchal Davoust‹

Höhe: 1,2 m
Breite: 1,2 m

Diese bekannte blühwillige Moosrose wurde 1853 eingeführt. Sie hat bräunlich be-

›Madame Hardy‹

›Madame Isaac Pereire‹

›Madame Pierre Oger‹

›Madame Plantier‹

›Maiden's Blush‹

›Maréchal Davoust‹

›Mutabilis‹

mooste Knospen, die sich zu becherförmigen, leuchtend-karminrosa Blüten öffnen. Später werden die Blüten lila bis violettrot. Wie bei allen Moosrosen sind die Triebe dicht mit Borsten besetzt. Blütezeit ist hauptsächlich der Hochsommer.

›Mutabilis‹
Höhe: 2,4 m
Breite: 1,8 m

Die Herkunft dieser Rose ist nicht klar. Meist wird sie den China-Rosen zugeordnet. Ihr botanischer Name lautet *Rosa odorata* ›Mutabilis‹, doch zweifellos ist eine der Elternsorten *Rosa chinensis*. Einst nannte man sie auch Türkische Rose, da man annahm, daß sie von *Rosa turkestanica* abstammen würde. Ungeachtet ihres ungewissen Stammbaums handelt es sich um eine dekorative, öfter blühende Rose des China-Typs, die oft bis in den Frühwinter hinein blüht. Ihre leuchtendgefärbten, spitzen Knospen öffnen sich zu honiggelben Blüten, die sich zunächst rosa, später kupfrig-karminrot verfärben. Das kupferfarbene Laub kann durch Nässe und Kälte geschädigt werden. Daher setzt man die Rose am besten an einem geschützten Platz in guten Boden.

›Nyveldt's White‹

Höhe: 1,5 m
Breite: 1,2 m

Die Rugosa-Hybride aus dem Jahre 1955 ist ein Abkömmling von *Rosa rugosa, Rosa majalis* und *Rosa nitida*. Sie bildet einen hübschen Strauch und trägt große, einfache, reinweiße Blüten mit goldgelben Staubgefäßen, die einen süßen Duft verströmen. Ihnen folgen orangerote Hagebutten. Hauptblütezeit ist der Hochsommer.

›Old Blush‹

Höhe: 0,6–2,4 m
Breite: 1,8 m

Auch unter den Namen ›Old Blush China‹, ›Blush China‹, ›Common Blush‹, ›Blush Monthly Rose‹ und ›Parson's Pink China‹ geführte China-Rose. Sie entwickelt anmutige Büschel aus locker gefüllten, blaßrosa Blüten, die bis zum Frühwinter erscheinen und angenehm duften. Mit dem Älterwerden dunkeln sie nach. Die Knospen sind karminrot übertönt. Vor eine warme Mauer gepflanzt, kann die Rose bis zu 2,4 Meter hoch werden.

Einige Rosenkenner glauben, bei ihr handele es sich um die echte rosa Bengalrose, die 1790 aus Kalkutta eingeführt wurde. Sicher ist, daß schon vor mehr als 1000 Jahren in China eine Rose wuchs, auf die ihre Beschreibung paßt.

›Nyveldt's White‹

›Old Blush‹

›Perle d'Or‹

›Penelope‹

›Petite de Hollande‹

›Petite Lisette‹

›Reine des Violettes‹

›Penelope‹

Höhe: 1,8 m
Breite: 1,5–1,8 m

Die robuste Moschata-Hybride wurde 1924 eingeführt. Ihre halbgefüllten Blüten sind beim Öffnen rosafarben, verblassen aber später. Auffällig sind ihre goldgelben Staubgefäße und der herrliche Moschusduft. Im Herbst sind die Blütenbüschel erheblich größer als im Sommer. Ebenfalls sehr hübsch wirken die kleinen, korallenroten Hagebutten, die mit grauem Flaum bedeckt sind. An den robusten, kräftigen Trieben sitzen breite, dunkelgrüne Blätter.

›Perle d'Or‹

Höhe: 90–150 cm
Breite: 90 cm

Diese Rose wurde 1883 eingeführt und ist eine Kreuzung zwischen einem Sämling von *Rosa multiflora* und ›Madame Falcot‹. Sie ist eine Zwergpolyantha-Rose, die große Ähnlichkeit mit ›Cécile Brunner‹ hat. Ihre entzükkenden Blüten haben Teehybridenform und sind als Knospen tief aprikosenfarben; geöffnet verblassen sie zu einem hellen Lachsrosa. Sie erscheinen fast den ganzen Sommer über und haben darüber hinaus einen leichten moschusartigen Duft.

›Petite de Hollande‹

Höhe: 120 cm
Breite: 90 cm

Vor 1802 eingeführte Zentifolie, die von *Rosa centifolia* abstammt, aber oft den Provencerosen zugeordnet wird, weil sie einen kompakteren Wuchs hat. Es ist ein wunderhübscher Strauch mit kleinen, stark duftenden Blüten, deren blaßrosa Petalen dunkler gesäumt sind. Hauptblütezeit ist der Hochsommer.

›Petite Lisette‹

Höhe: 120 cm
Breite: 90 cm

Diese reizende kleine Damaszener-Rose wurde schon 1817 eingeführt, sieht aber heute noch in der Strauchrabatte wunderschön aus. Ihre rundlichen, flaumigen, grauen Blätter versinken im Hochsommer unter duftenden, reinrosa Blüten. Die Petalen gehen strahlenförmig von der Mitte aus.

›Reine des Violettes‹

Höhe: 120–150 cm
Breite: 90–150 cm

1860 eingeführte Rose, die meist als Remontantrose klassifiziert wird, obwohl sie eher zu den Bourbon-Rosen gehört. Davon abgesehen, ist sie jedoch eine herrliche Sorte mit großen, flachen, gefüllten Blüten, die in verschiedenen Violett- und Lilatönen leuchten und wunderbar duften. Die Blüten sind geviertelt und haben ein knopfartiges Auge. Diese Rose blüht öfter während des Sommers und bis in den Herbst, und an ihren fast stachellosen Trieben vervollständigen dekorative graugrüne Blätter die attraktive Erscheinung.

›Roseraie de l'Hay‹

Höhe: 1,8–2,1 m
Breite: 1,5–2,1 m

Bekannte, 1901 eingeführte Rose mit dichtem, kräftigem Wuchs, stark bestachelten Trieben und glänzenden, dunkelgrünen, tiefgeäderten Blättern. Ihre weinroten, länglichen Knospen öffnen sich zu samtig karmin-violetten, gefüllten, intensiv duftenden Blüten, die oft mehr als zehn Zentimeter Durchmesser aufweisen und schöne gelbe Staubgefäße haben. Besonders dekorativ sieht die Rose zusammen mit verwandten weißen Sorten aus.

›Sarah Van Fleet‹

Höhe: 1,8–2,4 m
Breite: 1,5–1,8 m

Diese Rose ist eine herrliche Rugosa-Hybride, die 1926 aus *Rosa rugosa* und ›My Mary-land‹ entstand. Ihre langen Knospen öffnen sich zu halb-gefüllten, stark duftenden, flachen Blüten in Porzellan-rosa mit gelben Staubgefäßen. Sie blüht im Sommer und Herbst.

›Souvenir de la Malmaison‹

Höhe: 1,5 m
Breite: 1,5 m

Diese großartige Bourbon-Rose wurde 1843 eingeführt. Ihre regenempfindlichen Blüten sind zunächst schalen-förmig, später dann flach. Sie haben bis zu 13 Zentimeter Durchmesser und eine exqui-site zartrosa Farbe, die im Verblühen etwas verblaßt. Die angenehm duftende Sorte blüht den Sommer über öfter. Sie wird häufig kletternd gezogen und er-reicht dann bis drei Meter Höhe.

›Stanwell Perpetual‹

Höhe: 1,5 m
Breite: 1,2–1,5 m

1838 eingeführte Bibernell-rose, die angeblich aus einem Garten in Stanwell westlich von London stammt. Ihre Herkunft ist unklar, doch sie gilt als Kreuzung zwischen *Rosa pimpinellifolia* und einer Damaszener-Rose. Ei-nige Fachleute halten sie für eine Hybride mit *Rosa pimpi-nellifolia* und *Rosa damas-*

›*Roseraie de l'Hay*‹

›*Sarah Van Fleet*‹

›*Souvenir de la Malmaison*‹

›*Stanwell Perpetual*‹

Weitere empfehlenswerte »alte« Rosen:

›Amy Robsart‹	›Félicité Permentier‹	›Nuits de Young‹
›Baroness Rothschild‹	›Gloire des Mousseaux‹	›Paul Crampel‹
›Belle Isis‹	›Hermosa‹	›Robert le Diable‹
›Boule de Neige‹	›Jenny Duval‹	›Rose de Resht‹
›Celsiana‹	›Lady Penzance‹	›Soupert et Notting‹
›Day Break‹	›Louis Gimard‹	›Vanity‹
›De Meaux‹	›Marie Louise‹	›William Lobb‹

›Tour de Malakoff‹

›Tuscany Superb‹

cena als Eltern. Dieser winterharte, ausläufertreibende Strauch hat graugrüne Blätter und flache, halbgefüllte, weißrosa Blüten, die später ganz weiß werden und süß duften. Die Hauptblüte ist während des Früh- und Hochsommers mit einer Nachblüte im Spätsommer.

›Tour de Malakoff‹
Höhe: 1,8 m
Breite: 1,5 m

Zentifolie von 1856 mit einem kräftigen, etwas ausladenden Wuchs, die bei den Rosenliebhabern außergewöhnlich beliebt ist. Ihre großen, päonienförmigen, lieblich duftenden Blüten erscheinen im Hochsommer und haben eine exquisite Färbung. Zunächst sind sie magentarot, dann violett, später schließlich lilagrau. Diese Rose braucht eine Stütze und sieht an einem Pfeiler besonders hübsch aus. Leichter Schatten schadet ihr offenbar nicht.

›Tuscany Superb‹
Höhe: 120–150 cm
Breite: 60–90 cm

Auch als ›Superb Tuscany‹ geführte Gallica-Rose von 1848, die kräftiger als die Sorte ›Tuscany‹, die sogenannte Samtrose, aus dem Jahre 1800 ist. Sie gilt auch als Sport von ›Tuscany‹, ist jedoch nicht so buschig und ein wenig höher. Die schwach duftenden, halbgefüllten Blüten sind zunächst dunkelkarminrot und verblassen dann zu Violett. Ihnen folgen hübsche Hagebutten.

Blütenfarben
und duftende Rosen

Rosen gibt es in einer breiten Farbpalette. Neben den klassischen tiefroten Formen findet man herrliche zweifarbige Blüten, und während einige eine reine Farbe haben, sind andere in verschiedenen Schattierungen übertönt oder an der Basis der Petalen kontrastierend gefärbt. Darüber hinaus gibt es viele Rosen, die ihre Farbe im Öffnen oder Verblühen verändern.

In Beschreibungen von Rosen weichen die Farbangaben oft voneinander ab. Die Floribunda-Rose ›Orangeade‹ beispielsweise wurde schon als hellzinnoberrot, leuchtend orange-zinnoberrot, leuchtend zinnober-orange oder schimmernd golden-orangefarben beschrieben. Ferner hängt der Eindruck einer Farbe stark von den Lichtverhältnissen ab. In schlechtem Licht verlieren dunkle Farben schneller ihre Leuchtkraft als

helle, während helle Farben in starker Sonne rascher ausble[chen] als dunkle. Außerdem hat kaum jemand einen perfekte[n] Farbensinn. So leiden etwa sechs Prozent aller Männer un[d] etwas weniger als ein Prozent aller Frauen unter Sehstörunge[n] im Rot-Grün-Bereich.

In der folgenden Übersicht wurden die Rosen nach ihre[n] Farben geordnet, wobei berücksichtigt werden muß, da[ß] Farbtöne variieren können und Rosen mit zunehmende[m] Alter sich verändern. Die unter den mehrfarbigen Rosen au[f]geführten Arten zeigen stark kontrastierende Farben.

Duftlose Rosen wurden mit einem Sternchen (˚) geken[n]zeichnet, die meisten duften jedoch süß, einige auch nac[h] Himbeeren, Myrrhe oder Zitrone. Mehr über den Duft de[r] einzelnen Rosen finden Sie in den jeweiligen Beschreibunge[n]

WEISS

›Alba Maxima‹
»ALTE« ROSE
›Albéric Barbier‹
KLETTERROSE (RAMBLER)
›Blanc Double de Coubert‹
»ALTE« ROSE˚
›Bobby James‹
KLETTERROSE (RAMBLER)
›Cinderella‹
MINIATURROSE
›Frau Karl Druschki‹
»ALTE« ROSE˚
›Isis‹
FLORIBUNDA-ROSE
›Madame Alfred Carrière‹
KLETTERROSE (CLIMBER)
›Madame Hardy‹
»ALTE« ROSE
›Madame Plantier‹
»ALTE« ROSE
›Margaret Merril‹
FLORIBUNDA-ROSE
›Message‹
TEEHYBRIDE˚
›Nevada‹
MODERNE STRAUCHROSE˚
›Nyveldt's White‹
»ALTE« ROSE
›Pascali‹
TEEHYBRIDE˚
›Pour Toi‹
MINIATURROSE
Rosa banksiae
WILDROSE
Rosa pimpinellifolia
WILDROSE
›Schneewittchen‹
FLORIBUNDA-/KLETTERROSE
(CLIMBER)
›Snow Ball‹

MINIATURROSE˚
›Snow Carpet‹
MODERNE STRAUCHROSE˚
›Wedding Day‹
KLETTERROSE (RAMBLER)
›White Cockade‹
KLETTERROSE (CLIMBER)
›White Pet‹
FLORIBUNDA-ROSE
›Yvonne Rabier‹
FLORIBUNDA-ROSE

GELB

›Amber Queen‹
FLORIBUNDA-ROSE
›Apricot Nectar‹
FLORIBUNDA-ROSE˚
›Arthur Bell‹
FLORIBUNDA-ROSE
›Bright Smile‹
FLORIBUNDA-ROSE˚
›Buccaneer‹
TEEHYBRIDE˚
›Dutch Gold‹
TEEHYBRIDE
›Frisia‹
FLORIBUNDA-ROSE
›Frühlingsgold‹
MODERNE STRAUCHROSE
›Gloria Dei‹
TEEHYBRIDE
›Golden Showers‹
KLETTERROSE (CLIMBER)
›Golden Wings‹
MODERNE STRAUCHROSE
›Gold Pin‹
MINIATURROSE˚
›Grandpa Dickson‹
TEEHYBRIDE˚
›Joseph's Coat‹
KLETTERROSE (CLIMBER)˚

›King's Ransom‹
TEEHYBRIDE
›Lady Hillingdon, Climbing‹
KLETTERROSE (CLIMBER)
›Mermaid‹
KLETTERROSE (CLIMBER)
›Moon Maiden‹
FLORIBUNDA-ROSE
›Mountbatten‹
FLORIBUNDA-ROSE
›Mutabilis‹
»ALTE« ROSE˚
›Peer Gynt‹
TEEHYBRIDE
Rosa foetida
WILDROSE˚
Rosa hugonis
WILDROSE˚
Rosa xanthina
WILDROSE˚
›Rosina‹
MINIATURROSE
›Summer Sunshine‹
TEEHYBRIDE
›Sutter's Gold‹
TEEHYBRIDE

ORANGE

›Arcadian‹
FLORIBUNDA-ROSE
›Baby Darling‹
MINIATURROSE˚
›Baby Sunrise‹
MINIATURROSE˚
›Bonfire Night‹
FLORIBUNDA-ROSE˚
›Colibri‹
MINIATURROSE˚
›Darling Flame‹
MINIATURROSE

›Golden Slippers‹
FLORIBUNDA-ROSE
›Irish Mist‹
FLORIBUNDA-ROSE˚
›Just Joey‹
TEEHYBRIDE
›Lolita‹
TEEHYBRIDE
›Mojave‹
TEEHYBRIDE
›Orangeade‹
FLORIBUNDA-ROSE˚
›Peek-a-Boo‹
MINIATURROSE
›Schoolgirl‹
KLETTERROSE (CLIMBER)
›Troika‹
TEEHYBRIDE
›Whisky‹
TEEHYBRIDE
›Young Venturer‹
FLORIBUNDA-ROSE

ROSA

›Adam Messerich‹
»ALTE« ROSE
›Albertine‹
KLETTERROSE (RAMBLER)
›Aloha‹
MODERNE STRAUCHROSE
›American Pillar‹
KLETTERROSE (RAMBLER)˚
›Angela Rippon‹
MINIATURROSE
›Baby Masquerade‹
MINIATURROSE
›Bantry Bay‹
KLETTERROSE (CLIMBER)
›Baronne Prévost‹
»ALTE« ROSE
›Blessings‹
TEEHYBRIDE

›Bobby Charlton‹
TEEHYBRIDE
›Cécile Brunner‹
»ALTE« ROSE/KLETTERROSE
(CLIMBER)
›Cerise Bouquet‹
MODERNE STRAUCHROSE
›Chapeau de Napoleon‹
»ALTE« ROSE
›Chicago Peace‹
TEEHYBRIDE
›Circus‹
FLORIBUNDA-ROSE
›City of Leeds‹
FLORIBUNDA-ROSE
›Compassion‹
KLETTERROSE (CLIMBER)
›Comte de Chambord‹
»ALTE« ROSE
›Comtesse de Murinais‹
»ALTE« ROSE
›Constance Spry‹
MODERNE STRAUCHROSE
›Cornelia‹
»ALTE« ROSE
›Dorothy Perkins‹
KLETTERROSE (RAMBLER) *
›Elizabeth of Glamis‹
FLORIBUNDA-ROSE
›Empress Josephine‹
»ALTE« ROSE *
›Fantin Latour‹
»ALTE« ROSE
›Ferdinand Pichard‹
»ALTE« ROSE
›François Juranville‹
KLETTERROSE (RAMBLER)
›Frau Dagmar Hastrup‹
»ALTE« ROSE *
›Fritz Nobis‹
MODERNE STRAUCHROSE
›Frühlingsmorgen‹
MODERNE STRAUCHROSE
›Galway Bay‹
KLETTERROSE (CLIMBER)
›Helen Traubel‹
TEEHYBRIDE
›Jacques Cartier‹
»ALTE« ROSE
›Königin von Dänemark‹
»ALTE« ROSE
›La Reine Victoria‹
»ALTE« ROSE
›La Ville de Bruxelles‹
»ALTE« ROSE
›Lady Curzon‹
»ALTE« ROSE
›Lady Sylvia‹
TEEHYBRIDE
›Lavender Jewel‹
MINIATURROSE *
›Louise Odier‹
»ALTE« ROSE
›Madame Grégoire Staechlin‹
KLETTERROSE (CLIMBER)
›Madame Pierre Oger‹
»ALTE« ROSE
›Maiden's Blush‹
»ALTE« ROSE

›Maréchal Davoust‹
»ALTE« ROSE
›Mullard Jubilee‹
TEEHYBRIDE
›Nymphenburg‹
MODERNE STRAUCHROSE
›Old Blush‹
»ALTE« ROSE
›Paddy McGredy‹
FLORIBUNDA-ROSE
›Parade‹
KLETTERROSE (CLIMBER)
›Penelope‹
»ALTE« ROSE
›Petite de Hollande‹
»ALTE« ROSE
›Petite Lisette‹
»ALTE« ROSE
›Pink Parfait‹
FLORIBUNDA-ROSE
›Pink Peace‹
TEEHYBRIDE
›Prima Ballerina‹
TEEHYBRIDE
›Queen Elizabeth‹
FLORIBUNDA-ROSE
Rosa californica
WILDROSE
Rosa centifolia
WILDROSE
Rosa gallica
WILDROSE *
Rosa rubiginosa
WILDROSE
Rosa rugosa
WILDROSE
›Royal Highness‹
TEEHYBRIDE
›Royal Salute‹
MINIATURROSE
›Sarah Van Fleet‹
»ALTE« ROSE
›Scented Air‹
FLORIBUNDA-ROSE
›Scintillation‹
MODERNE STRAUCHROSE
›Sea Pearl‹
FLORIBUNDA-ROSE
›Shot Silk‹
TEEHYBRIDE
›Silver Jubilee‹
TEEHYBRIDE
›Souvenir de la Malmaison‹
»ALTE« ROSE *
›Stanwell Perpetual‹
»ALTE« ROSE
›Sweet Fairy‹
MINIATURROSE
›Zephirine Drouhin‹
KLETTERROSE (CLIMBER)

ROT

›Alec's Red‹
TEEHYBRIDE
›Belle de Crécy‹
»ALTE« ROSE
›Bettina‹
TEEHYBRIDE

›Chelsea Pensioner‹
MINIATURROSE *
›Crimson Glory‹
TEEHYBRIDE
›Danse du Feu‹
KLETTERROSE (CLIMBER) *
›Dortmund‹
KLETTERROSE (CLIMBER)
›Duftwolke‹
TEEHYBRIDE
›Europeana‹
FLORIBUNDA-ROSE
›Evelyn Fison‹
FLORIBUNDA-ROSE
›Frensham‹
FLORIBUNDA-ROSE
›John Waterer‹
TEEHYBRIDE
›Memento‹
FLORIBUNDA-ROSE
›Mrs. Sam McGredy‹
TEEHYBRIDE
›Paradise‹
TEEHYBRIDE
›Parkdirektor Riggers‹
KLETTERROSE (CLIMBER)
›Perle d'Alcanada‹
MINIATURROSE *
›Red Devil‹
TEEHYBRIDE
›Red Lion‹
TEEHYBRIDE
Rosa moyesii
WILDROSE *
›Rose Gaujard‹
TEEHYBRIDE
›Rosemary Rose‹
FLORIBUNDA-ROSE
›Roseraie de l'Hay‹
»ALTE« ROSE
›Sarabande‹
FLORIBUNDA-ROSE
›Satchmo‹
FLORIBUNDA-ROSE
›Scharlachglut‹
MODERNE STRAUCHROSE
›Souvenir de Claudius
Denoyel‹
KLETTERROSE (CLIMBER)
›Starina‹
MINIATURROSE
›Super Star‹
TEEHYBRIDE
›The Times Rose‹
FLORIBUNDA-ROSE
›Trumpeter‹
FLORIBUNDA-ROSE
›Wendy Cussons‹
TEEHYBRIDE

KARMINROT

›Altissimo‹
KLETTERROSE (CLIMBER) *
›Baron Girod de l'Ain‹
»ALTE« ROSE
›Charles de Mills‹
»ALTE« ROSE
›Christian Dior‹
TEEHYBRIDE *

›Chrysler Imperial‹
TEEHYBRIDE
›Crimson Glory, Climbing‹
KLETTERROSE (CLIMBER)
›Crimson Shower‹
KLETTERROSE (RAMBLER) *
›Ena Harkness‹
TEEHYBRIDE
›Étoile de Hollande,
Climbing‹
KLETTERROSE (CLIMBER)
›Gloire du Ducher‹
»ALTE« ROSE
›Guinée‹
KLETTERROSE (CLIMBER)
›Josephine Bruce‹
TEEHYBRIDE
›Kronenbourg‹
TEEHYBRIDE
›Lilli Marleen‹
FLORIBUNDA-ROSE
›Madame Issac Pereire‹
»ALTE« ROSE
›Mister Lincoln‹
TEEHYBRIDE
›Papa Meilland‹
TEEHYBRIDE
›Sympathie‹
KLETTERROSE (CLIMBER)
›Tuscany Superb‹
»ALTE« ROSE

VIOLETT

›Brown Velvet‹
FLORIBUNDA-ROSE *
›Cardinal de Richelieu‹
»ALTE« ROSE
›Lavaglut‹
FLORIBUNDA-ROSE
›Reine des Violettes‹
»ALTE« ROSE
›Tour de Malakoff‹
»ALTE« ROSE

GRÜN

›Green Diamond‹
MINIATURROSE *

MEHRFARBIG

›Camaieux‹
»ALTE« ROSE
›Double Delight‹
TEEHYBRIDE
›Eye Paint‹
FLORIBUNDA-ROSE *
›Honorine de Brabant‹
»ALTE« ROSE
›Matangi‹
FLORIBUNDA-ROSE
›Old Master‹
FLORIBUNDA-ROSE
›Picasso‹
FLORIBUNDA-ROSE *
›Piccadilly‹
TEEHYBRIDE
›Redgold‹
FLORIBUNDA-ROSE

Die Pflege der Rosen

*Bei Rosen mit blo-
ßen Wurzeln muß
die Veredelungs-
stelle später direkt
unter der Erdober-
fläche sitzen. Die
Wurzeln beim
Pflanzen über
einem kleinen Erd-
kegel ausbreiten.*

Das Pflanzen

Richtig gepflanzte Rosen können zwanzig Jahre alt werden
oder sogar noch älter. Sie
haben jedoch wenig Chancen,
wenn magerer Boden ihre
Wurzelentwicklung ein-
schränkt.

Bodenbearbeitung: Sechs bis
acht Wochen vor dem Pflanzen muß man die Erde tief
umgraben, alle ausdauernden
Unkräuter entfernen und –
sofern die vorgesehene Pflanz-
stelle ständig naß ist – für
Drainage sorgen. Einige
Wochen später harkt man
Horn- und Knochenmehl
oder einen Rosen-Spezialdün-
ger (100 g/m²) oberflächlich
in die Erde. Am besten gedeihen Rosen in leicht saurem
Boden mit einem pH-Wert
von 6,0 bis 6,5. Ist er saurer,
bringt man etwas Löschkalk
oder Kalksteinmehl aus.

Vorbereiten der Pflanze: Man
unterscheidet zwischen Containerpflanzen und Pflanzen
mit bloßen Wurzeln. Bei letzteren stellt man den Wurzelballen zunächst für zwölf
Stunden in einen Eimer mit
Wasser, und falls die Pflanze
dann nicht sofort gepflanzt
werden kann – weil das Wetter schlecht oder der Boden
gefroren oder zu naß ist –, legt
man sie schräg in einen flachen Graben, bedeckt die
Wurzeln mit Erde und drückt
und gießt diese gut an. Vor
dem Pflanzen werden abge-
storbene Wurzeln abgeschnitten, die übrigen kürzt man
auf 30 Zentimeter Länge ein.
Tote oder dürre Triebe und
altes Laub werden eben-
falls abgeschnitten; das Pflan-
zenetikett jedoch nicht
entfernen.

Pflanzung: Rosen mit bloßen
Wurzeln werden zwischen
Spätherbst und Frühwinter
oder zu Frühjahrsbeginn gepflanzt. Dazu hebt man ein
60 Zentimeter breites und

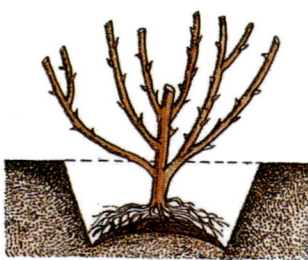

25 bis 30 Zentimeter tiefes
Loch aus und breitet die Wurzeln über einem kleinen Erd-
kegel aus, wobei man darauf
achtet, daß die Veredelungs-
stelle später direkt unter der
Erdoberfläche sitzt. Dann füllt
man rund um die Wurzeln
Erde auf. Je früher im Herbst
gepflanzt wird, desto besser
wurzelt die Pflanze noch vor
dem Winter ein. Jede Pflanze
sollte 10 bis 15 Zentimeter
hoch angehäufelt werden;
nach dem Austrieb wird dann
abgehäufelt.

Containerpflanzen können

jederzeit gepflanzt werden, sofern der Boden nicht trocken,
sehr naß oder gefroren ist. Die
Bodenbearbeitung erfolgt wie
oben, der Wurzelballen wird
vor dem Pflanzen gründlich
gewässert. Die Pflanze in das
Loch setzen, dann den Contai-
ner auseinanderschneiden
und entfernen. Erde um die
Wurzeln auffüllen und an-
drücken.

Mulchen

Indem man eine etwa acht
Zentimeter dicke Schicht orga-
nisches Material – Torf, kom-
postiertes Rindenhäcksel,
Gartenerde, verrotteter Mist
oder Lauberde – um Pflanzen
verteilt, kann man die Boden-
feuchtigkeit bewahren, einjäh-
rige Unkräuter unterdrücken,
den Boden verbessern und

*Kletterrosen brau-
chen eine perma-
nente Stützvorrich-
tung wie etwa ein
Spalier.*

düngen und die Gefahr verrin-
gern, daß Sternrußtau auftritt.
Gemulcht wird am besten
im Spätfrühjahr, wenn sich
der Boden erwärmt hat. Zuerst
entfernt man alle ausdauernden Unkräuter, harkt einen
Dünger ein und wässert
gründlich. Dann bringt man
den Mulch aus. Im Herbst
kann er dann in den Boden
eingearbeitet werden.

Erziehen

Buschrosen brauchen meist
keine Stütze, wenngleich Formen mit offenem, ausladendem Wuchs nach einigen
Jahren ein paar kräftige Bam-
busstäbe guttun. Hingegen benötigen Kletterrosen eine
permanente Stütze aus Draht
oder ein Spalier, an dem sie
aufgebunden werden. Einige
gedeihen am besten an einem
robusten, fest in den Boden
eingelassenen Pfahl, während
Ramblers Bögen, Pergolen
oder Spaliere brauchen.

*Containerrosen zu-
nächst in das frisch
ausgehobene
Pflanzloch setzen,
dann erst den Con-
tainer entfernen.
Anschließend
rundum Erde auf
füllen.*

Düngung

Damit Rosen sich schön entwickeln und lange leben, benötigen sie in regelmäßigen Abständen einen Dünger, der Stickstoff, Phosphor und Kalium kleinere Mengen Kalk und Magnesium und als Spurenelemente Eisen, Bor und Mangan enthält. Da die Zusammensetzung aber stimmen muß, kauft man am besten einen handelsüblichen Dünger.

Der Hobbygärtner verteilt im Frühjahr vor Beginn der Wachstumsperiode um jede Pflanze eine kleine Handvoll Rosendünger (maximal

Angewurzelte Tee-hybriden werden jedes Frühjahr um die Hälfte zurück-geschnitten.

50 g/m²) und harkt sie unter. Dann wird der Boden gewässert. Zwischen Früh- und Hochsommer, nach der ersten Blüte, wird diese Düngung in der gleichen Menge wiederholt. Später nicht mehr düngen, weil sich sonst weiche Triebe entwickeln, die im Winter Schaden nehmen.

Schnitt

Rosen bedürfen eines regelmäßigen Schnittes, weil sie andernfalls unordentlich wachsen beziehungsweise weniger und kleinere Blüten entwickeln.

Abgeblühtes muß oberhalb des zweiten oder dritten Blattes abgeschnitten werden, um die Entwicklung neuer Blüten zu fördern.

Zeitpunkt: Wann geschnitten wird, hängt vom Wetter ab. Fest angewurzelte Rosen schneidet man am besten zu Frühjahrsbeginn, wenn das

Wachstum beginnt. In kalten Regionen wartet man eventuell bis zur Frühjahrsmitte, in wärmeren Lagen kann manchmal schon im Spätwinter geschnitten werden.

Neue Rosen: Im ersten Jahr werden Rosen stark zurückgeschnitten: Teehybriden auf 13, Floribunda-Rosen auf 15 und Ramblers auf 30 Zentimeter. Bei Kletterrosen nur abgestorbene Spitzen entfernen.

Angewurzelte Rosen: Sie brauchen meist nur einen mäßigen Schnitt. Bei Teehybriden die Triebe auf halbe Länge kürzen, bei Floribunda-Rosen schneidet man schwache Triebe an der Basis ab, ältere werden um sieben bis acht Zentimeter eingekürzt. Bei Kletterrosen ist die Schnittmethode sortenabhängig. Allgemein gilt aber: Bei Ramblers im Herbst alle abgeblühten Triebe bis auf Bodenhöhe zurückschneiden und neue Triebe aufbinden. Climbers schneidet man nur wenig. Man entfernt lediglich altes Holz und kürzt abgeblühte Seitentriebe auf etwa acht Zentimeter.

Beim Zurückschneiden etwa sechs Millimeter über einem außenstehenden Auge einen schrägen Schnitt machen. Stets eine scharfe Gartenschere verwenden, weil unsaubere Schnitte Krankheiten Angriffsfläche bieten.

Wässern

Obwohl Rosen oft tief wurzeln, können sich viele bei Wassermangel nicht voll entwickeln. Einmal begonnen, muß jedoch regelmäßig und gründlich gewässert werden. Vor Mauern oder in leichtem, sandigem Boden wachsende Rosen und neugepflanzte Exemplare brauchen das meiste Wasser.

Welke Blüten

Damit die Kraft nicht in die Samenentwicklung geht, schneidet man bei Teehybriden und Floribunda-Rosen welke Blütenbüschel oberhalb des zweiten oder dritten Blattes ab. Frühe Blüten entfernt man mit einem sehr kurzen Stiel.

Schnittrosen

Von einer Pflanze sollten nicht zu viele Blüten abgeschnitten werden. Den Schnitt stets über einem außenstehenden Auge durchführen.

Wildtriebe entfernen

Manchmal treiben Wurzeln Wildtriebe, die – sobald sie er-

Wildtriebe sollten unter der Erde, dicht an den Wurzeln entfernt werden

scheinen – dicht an der Wurzel abgerissen werden müssen. Zunächst den Trieb freilegen, den Wildling entfernen und danach die Erde wieder gut andrücken. Schneidet man Wildtriebe in Bodenhöhe ab, fördert man damit die Entwicklung weiterer Schößlinge.

Register

BILDNACHWEIS

Der Verlag möchte folgenden Fotografen und Agenturen für die zur Verfügung gestellten Fotografien danken:

A–Z Botanical Collection: S. 2, 82 Mi., 83 ob., 86 Mi., 88 ob., 88 unt. li., 89 ob., 89 ob. Mi., 90 ob., 91 ob. re., 91 Mi., 92 Mi., 93 ob., 93 Mi., 95 ob. li., 95 ob. re., 95 Mi. li., 96 Mi. li., 97 unt., 98 ob., 101 ob., 103 ob., 104 unt. li., 104 unt. re., 105 Mi., 106 Mi., 108 Mi., 108 unt. re., 109 ob., 111 unt. re., 111 unt. li., 112 ob., 112 ob. Mi., 113 unt., 114 ob. re., 114 Mi. re., 115 ob., 117 ob. re., 118 ob., 119 unt., 123 Mi., 128 ob. Mi., 129 ob., 130 ob., 131 ob. li., 132 unt. li., 135 Mi., 140 unt., 143 unt., 144 unt. li., 145 unt., 148 Mi. re., 149 ob., 150 unt. Mi.

Ancient Art & Architecture Collection: S. 10 unt., 20 ob., 31 unt.

Ardea: S. 80.

R. C. Balfour: S. 60., 83 ob., 84 ob. li., 84 unt. re., 86 ob., 87 unt. li., 89 unt., 90 Mi., 91 unt., 92 ob. re., 95 Mi. re., 98 ob. Mi., 98 unt., 100 unt. re., 102 Mi., 102 Mi. li., 103 unt., 105 ob., 105 unt., 106 ob., 107 Mi. re., 112 unt., 114 unt., 116 ob., 118 Mi. li., 119 ob., 119 unt., 122 Mi. li., 124 unt., 126 unt., 127 ob., 131 unt., 137 ob., 138 unt., 140 ob., 142 Mi., 143 ob. re., 143 Mi. re., 147 Mi. li., 147 unt., 148 Mi. li., 148 unt., 150 ob., 150 Mi. ob.

The Bridgeman Art Library: S. 9 ob., 11, 12/13, 14, 15 unt., 20 unt., 21, 23, 24, 27, 30, 31 ob., 35.

Eric Crichton Photos: S. 110 unt., 120 unt., 122 unt., 123 unt., 130 unt., 132 ob., 132 unt. re., 135 ob., 142 ob., 143 ob. li., 144 ob., 144 unt. re., 145 ob., 147 ob. re., 150 unt.

Fine Art Photographs: S. 8, 9 unt., 25, 26, 28 ob., 29, 32 unt., 33, 36, 37 unt.

Michael Gibson: S. 16.

Di Lewis © Salamander Books: S. 6/7, 40–59, 61–79.

The Mansell Collection: S. 15 ob., 19, 37 ob.

Mary Evans Picture Library: S. 22, 28 unt., 34.

Photos Horticultural Picture Library: S. 17 unt., 38, 39, 128 ob., 137 unt. Mi., 148 ob.

Harry Smith Horticultural Photographic Collection: S. 17 ob., 81, 82 ob., 82 unt., 83 unt., 84 ob. re., 84 Mi., 84 unt. li., 85, 86 unt., 87 ob., 87 Mi. re., 87 unt. re., 88 unt. re., 89 unt. Mi., 90 unt., 91 ob. li., 92 ob. li., 92 unt., 93 unt., 94, 96 ob. li., 96/97 ob., 96 unt., 97 Mi., 98 unt. Mi., 99, 100 ob. li., 100 ob. re., 100 unt. li., 101 unt., 102 ob., 102 unt., 103 Mi. re., 104 ob., 104 Mi., 106 unt., 107 ob. li., 107 ob. re., 107 unt., 108 ob. li., 108 ob. re., 108 unt. li., 109 unt., 110 ob., 111 ob., 111 Mi. re., 112 unt. Mi., 113 ob., 114 ob. li., 114 Mi. li., 115 unt., 116 unt., 117 ob. li., 117 Mi. li., 117 Mi. re., 117 unt., 118 Mi. re., 118 unt., 120 ob., 121, 122 ob. li., 122/123 ob., 124/125 ob., 124 Mi., 125, 126 ob. li., 126 ob. re., 126 Mi., 127 Mi., 127 unt., 128 Mi. unt., 128 unt., 129 unt., 131 Mi. li., 131 ob. re., 132 Mi. li., 133, 134, 135 unt. li., 135 unt. re., 136 ob., 136 unt., 137 ob. Mi., 137 unt., 138 ob., 138 Mi., 139, 140 Mi. li., 140 Mi. re., 141, 142 unt., 144 Mi. li., 144 Mi. re., 146, 147 ob. li., 147 ob. re., 149 Mi., 149 unt., 151.

Werner Forman Archive: S. 18.

B. Wilson/Ancient Art & Architecture Collection: S. 10 ob.

QUELLENNACHWEIS

S. 11 Rezepte und S. 12 Martial-Zitat aus: Gabriele Tergit, *Through the Ages*, Oswald Wolff Books, Berg Publishers, 1961. Abdruck mit freundlicher Genehmigung von Oswald Wolff Books, Berg Publishers.

S. 30 Gertrude-Stein-Zitat aus: William Rose Benet, *The Reader's Encyclopaedia*, A.N.C. Black, U.K. Abdruck mit freundlicher Genehmigung von A.N.C. Black.

S. 30 Lied »Roses of Picardy« (Weatherby/Wood), © Chappell Music Ltd. Abdruck mit freundlicher Genehmigung von Warner Chappell Music Ltd.

ADRESSEN VON ROSENSCHULEN

Die mit * gekennzeichneten Rosenschulen führen auch historische und seltene Rosensorten.

Baumschule Karl Baum
Adenauerdamm 100
25301 Elmshorn
Tel. 04121/72532

Baumschule Goos*
Alte Hohl 7
69168 Wiesloch-Baiertal/ bei Heidelberg
Tel. 06222/73434

Baumschule Karl Hetzel
Am Stadion
75038 Obererdingen
Tel. 07045/2270

Baumschule Werner Noack
Im Fenne 54
33334 Gütersloh
Tel. 05241/20187

Baumschule Schultheis*
Rosenhof
61231 Bad Nauheim-Steinfurth
Tel. 06032/81013

Ingwer J. Jensen GmbH*
Hermann-Löns-Weg 39
24960 Flensburg
Tel. 04631/60100

W. Kordes' Söhne
Rosenstr. 54
25365 Sparrieshoop
Tel. 04121/8688

Rosen-Tantau
Tornescher Weg 13
25436 Uetersen
Tel. 04122/7084

Rosen-Union
Steinfurther-Hauptstr. 25
61231 Bad Nauheim-Steinfurth
Tel. 06032/82068

Strobel & Co.
Wedeler Weg 62
25421 Pinneberg
Tel. 04101/20550